KB267677

저는
얼굴이 아니라

마음을 고치는
의사입니다

77만 유튜버 동네 의사 이상욱이 건네는
진료실 밖의 이야기

저는 얼굴이 아니라 마음을 고치는 의사입니다

이상욱

모티브

저는 겉모습만 고치는
의사가 되고 싶지 않습니다

사실, 저는 오랫동안 제 직업을 부끄러워했습니다. 의학전문대학원 시절의 저는 언제나 피가 끓는 곳에 있고 싶었습니다. 촌각을 다투는 응급실, 생사의 경계에서 사투를 벌이는 중환자실. 멈춰버린 심장을 다시 뛰게 하고, 죽음의 문턱에 선 누군가를 삶의 자리로 필사적으로 끌어올리는 것. 그것만이 '진짜 의사'가 하는 일이라고 믿었습니다.

그래서 현실적인 이유로 내과가 아닌 피부 미용을 선택하게 되었을 때, 저는 꽤 깊은 자괴감에 시달려야 했습니다. '나는 도망친 게 아닐까?' 친구들은 사람의 심장을 살리고 있는데, 나는 시원한 진료실에 앉아 점이나 빼야 한다는 사실이 묘한 죄책감으로 다가왔습니다. 스스로를 의사가 아니라 그저 예뻐지는 것을 도와주는 기술자 정도로 여기며, "어쩔 수 없는 선택이었어"라고 자조 섞인 위로를 건네던 날들이었습니다. 제게 이곳은 사람의 인생을 책임지는 비장함도, 맹렬하게 뛰는 심장의 박동도 없는, 그저 조용한 도피처처럼 느껴졌으니까요.

그 오만한 착각이 산산이 부서진 건, 멀리 강원도 영월에서 오신 한 어머님을 만나고 나서였습니다. 어머님은 유방암 말기 환자셨습니다. 이미 암세포가 전신으로 퍼져, 의학적으로는 더 이상 손을 쓸 수 없는 상태였습니다. 그런데 그 먼 길을 달려와 제게 내민 고민은 뜻밖에도 얼굴에 난 거뭇한 기미였습니다. 처음에는 도무지 이해가 되지 않았습니다. 생사의 기로에 선 분이, 왜 고작 얼굴의 잡티 따위에 신경을 쓰시는 걸까. 안타까운 마음에 저도 모르게 되물었던 것 같습니다.

"어머님, 지금 몸도 힘드신데..."

그때 그분이 수줍게 웃으며 하신 말씀을 저는 아직도 잊을 수 없습니다.

"선생님, 제가 죽기 전에... 가장 아름다운 순간을 남기고 싶어서요."

그제야 알았습니다. 그분에게 이 치료는 단순히 예뻐지기 위한 수단이 아니라, 무너져가는 육체 속에서도 끝까지 '나'라는 사람의 존엄을 지키고 싶은, 눈물겨운 희망이었다는 것을요. 치료를 거듭하며 거울을 보고 어린아이처럼 기뻐하시던 그분의 얼굴에는 병색 대신 '여자'로서의 환한 미소가 피어 있었습니다.

1년 뒤 어느 날, 어머님의 아드님에게서 부고 문자를 받았습니다. 진료실에 멍하니 앉아 그 문자를 한참이나 들여다보았습니다. 그리고 깨달았습니다. 심장이 뛰는 것만이 살아있는 게 아니라는 것을요. 마음이 무너지면 삶 전체가 멈춘다는 것을, 그리고 제가 하는 이 일이 때로는 죽어가는 한 사람의 자존감을 다시 숨 쉬게 하는 '심폐소생술'이 될 수 있다는 것을 말입니다.

그날 이후, 제 진료실의 풍경은 완전히 달라졌습니다. 이제 저는 환자의 피부보다 눈빛을 먼저 봅니다. 아무리 두꺼운 화장으로 가려도, 그 눈빛에 서린 불안과 마음의 생채기는 숨길 수가 없더군요. 10년이 넘는 시간 동안 수만 명이 넘는 환자를 만나며 제가 확인한 사실은 하나입니다. 겉모습의 상처는 결국 내면의 상처와 연결되어 있다는 것입니다. 밖으로 드러난 흉터 때문에 마음의 문을 닫아버린 사람에게, 따뜻한 시술 한 번은 단순한 치료가 아니라 인생의 2막을 여는 열쇠가 되기도 합니다.

2022년의 어느 겨울, 제가 블로그에 적었던 글을 기억합니다. "살면서 좋은 친구, 좋은 스승을 만나는 것도 중요하지만, 나에게 맞는 '좋은 의사'를 만나는 것도 참 중요합니다."

환자가 의학적 지식이 없어도, 내 앞에 앉은 의사가 기계적으로 나를 대하는지, 아니면 내 말 한마디에 귀 기울이며 진심으로 고민하고 있는지는 직감으로 알 수 있습니다. 제가 굳이 '동네 의사'라는 투박하고 촌스러운 타이틀을 고집하는 이유도 여기에 있습니다. 1980년대, 문만 열면 서로의 안부를 묻던 이웃사촌처럼, 권위적인 가운을 벗어던지고 가장 가까운 곳에서 당신의 고민을 들어주는 친근한 '동네 오빠'나 '형'이 되고 싶기 때문입니다.

결과만 좋고 마음이 치유되지 않았다면, 그것은 의료가 아니라 '소비'에 불과합니다. 얼굴의 잡티는 사라졌는데 거울을 보는 표정이 더 어두워졌다면, 그것은 실패한 치료입니다.

이 책은 피부에 대한 이야기지만, 결국은 마음에 대한 이야기입니다. 병원 문턱이 닳도록 드나들지 않아도 괜찮습니다. 남들과 비교하며 거울 앞에서 한숨 짓지 않아도 괜찮습니다. 저는 이 책을 통해 당신에게 "어떤 시술이 좋다"는 정보보다는, 거울 속의 나를 어떻게 사랑해야 하는지, 무너진 자존감을 어떻게 다시 단단하게 세울 수 있는지에 대한 따뜻한 '마음 처방전'을 건네고 싶습니다.

지금부터 제가 들려드릴 이야기들이, 거울 앞에서 울고 있는 당신에게 작은 위로가 되기를 바랍니다. 저는 앞으로도 겉모습만 고치는 기술자가 아니라, 당신의 피부 너머, 그 마음의 소리까지 듣는 곁에 있는 의사로 남겠습니다.

당신의 동네 의사,
이상욱 드림

Contents

1부 | 피부가 아닌, 사람을 봅니다

1부

피부가 아닌, 사람을 봅니다

01

생사의 최전선,
그곳에서 배운 '포기하지 않는 마음'

프롤로그에서 고백했듯, 저는 한때 메스를 들고 피를 보는 것만이 의사의 유일한 사명이라 믿었습니다. 바이탈Vital, 생명 직결 징후을 다루지 않는 의사는 반쪽짜리라 여기며 스스로를 옭아매던 시절이었습니다. 지금부터 들려드릴 이야기는 제가 그토록 갈망했고, 제 의사 인생의 뿌리가 되었던 바로 그 시절의 기록입니다. 매일이 삶과 죽음의 경계였던, 소독약 냄새가 진동하던 내과 레지던트 시절로 시계를 돌려봅니다.

"코드블루! 코드블루! XX병동 처치실!"

지금도 가끔 꿈에 나타나는 그 소리. 당시 저에게 병원은 전쟁터였습니다. 밥을 먹다가도, 잠을 자다가도 저 사이렌이 울리면 스프링처럼 튀어 나가야 했습니다. 1분 1초에 한 사람의 우주가 사라지느냐 마느냐가 결정되는 곳이었으니까요.

그날은 유독 평온한 오후였습니다. 심장을 감싸고 돌며 산소와 영양분을 공급하는 생명줄, 즉 '관상동맥' 3개가 모두 막혀 응급 스텐트 시술을 받고 올라온 59세 남자 환자분이 계셨습니다. 다행히 시술은 성공적이었고, 의료진 모두가 이제 회복만 하면 된다고 안도하던 찰나였습니다.

"선생님, 방금 올라온 환자가 좀 이상해요."

간호사의 다급한 호출에 달려갔을 때, 환자는 이미 미친 듯이 식은땀을 흘리며 의식이 흐려지고 있었습니다. 그리고 2분 뒤, 모니터에 불길한 파형이 그려졌습니다. 삐- 삐- 삐-. '심실빈맥V-tach', 심장이 제대로 뛰지 못하고 파르르 떨리기만 하는, 곧 심장마비로 이어지는 죽음의 신호였습니다.

"코드블루 띄우세요! 기도 삽관합니다! 다들 비키세요!"

저는 소리를 지르며 환자의 기도를 확보하기 위해 튜브를 밀어 넣었고, 부랴부랴 달려온 인턴 선생님들에게 가슴 압박을 지시했습니다. 좁디좁은 처치실은 순식간에 아수라장이 되었습니다. "혈관 두 개 잡고 수액 풀로 트세요! 에피네프린(심장강화제) 3분마다! 빨리요!"

우리는 땀범벅이 되어 환자의 가슴을 누르고 또 눌렀습니다. 하지만 20분이 지나고, 40분이 지나도 심장은 돌아오지 않았습니다. 머릿속은 온통 '왜 갑자기? 도대체 왜?'라는 물음표로 가득 찼고, 시간이 흐를수록 뇌사에 대한 두려움이 엄습했습니다. '이제는 보내드려야 하나...' 의료진 모두의 얼굴에 패배감이 드리우고, 포기라는 단어가 제 목구멍까지 차오르던 그때였습니다. 처치실 문이 벌컥 열렸습니다.

"비키세요!"

작은 키지만 그 순간 그 누구보다 거대해 보였던, 저의 스승이자 '작은 거인'이라 불리던 송 교수님이셨습니다. 상황을 빠르게 훑어보신 교수님은 망설임 없이 외치셨습니다. "에크모ECMO, 인공심폐기 가져와요!"

모두의 눈이 휘둥그레졌습니다. 심폐소생술을 한 지 이미 40분이 넘은 상황. 의학적으로 소생 가능성이 희박한 상태에서 기계로 강제로 피를 돌리는 에크모를 쓴다는 건, 기적에 도박을 거는 것과 다름없었기 때문입니다. 하지만 교수님의 눈빛은 형형하게 빛나고 있었습니다.

"가슴 압박 멈추지 마세요!"

교수님은 펌핑이 계속되는 환자의 사타구니 쪽 혈관을 잡기 시작했습니다. 맥박이 뛰지 않는 환자의 동맥을 찾아 관을 삽입하는 건, 눈을 가리고 바늘귀를 꿰는 것만큼이나 어려운 일입니다. 몇 번의 시도 끝에 두꺼운 바늘이 혈관을 뚫고 들어가는 순간, 환자의 몸속에 고여 있던 검붉은 피가 분수처럼 솟구쳐 올랐습니다. 교수님의 안경에도, 하얀 가운에도, 그리고 곁에서 돕던 제 얼굴에도 피가 튀었습니다. 비릿한 혈향이 진동했습니다. 하지만 교수님은 피를 닦을 생각조차 하지 않으셨습니다. 오직 환자의 생명줄을 연결하는 데에만 온 신경을 집중하고 계셨습니다.

"교수님... 이제 그만 보내드려야 할 것 같습니다. 보호자분께 마음의 준비를 하시라고 전하겠습니다..." 제가 떨리는 목소리로 조심스럽게 운을 떼자, 교수님은 저를 노려보며, 아니 환자의 꺼져가는 심장을 노려보며 말씀하셨습니다.

"포기할 수 없습니다. 저희가 포기하면 어쩝니까. 끝까지 해봅시다."

그 말 한마디가 둔기처럼 제 머리를 때렸습니다. 저는 다시 입술을 꽉 깨물고 가슴 압박을 이어갔습니다. "200줄 차지!

쇼크! 250줄 차지! 쇼크!" 수차례의 전기 충격과 에크모가 돌아가기 시작한 지 얼마가 지났을까. 삐- 삐- 삐-. 거짓말처럼 규칙적인 심장 박동 소리가 모니터에 다시 돌아왔습니다.

처치실 밖으로 나가 보호자분께 이 소식을 전했을 때, 바닥에 주저앉아 오열하던 아내분의 모습이 지금도 잊히지 않습니다. "선생님... 살려주셔서 감사합니다. 저는 그이 없으면 안 돼요. 제발..." 피범벅이 된 가운을 입은 채, 저 역시 흐르는 눈물을 닦을 생각도 못 하고 고개를 숙였습니다.

그 환자분은 어떻게 되었냐고요? 7일 뒤 중환자실에서 기적처럼 깨어나셨습니다. 그리고 회진을 도는 저를 볼 때마다 쩌렁쩌렁한 목소리로 소리를 지르곤 하셨습니다.

"이보게 선생! 나 언제 퇴원시켜 주는 거야? 이제 다 괜찮아진 것 같은데!"

그날, 피와 땀으로 얼룩진 처치실에서 저는 의사가 갖춰야 할 진짜 '자격'을 배웠습니다. 그것은 명석한 두뇌도, 신의 손놀림도 아니었습니다. 환자의 심장이 멈췄다고 해서 의사의 마음까지 멈춰서는 안 된다는 것. 단 1%의 가능성이 있다면, 그 희망의 끈을 잡고 환자보다 더 질기게 버텨주는 '끈기'와 '진심'. 그것이야말로 사람을 살리는 의술의 본질이었습니다.

사람들은 종종 묻습니다. 그렇게 치열하게 생명을 다루던 내과를 떠나 왜 갑자기 피부 미용을 하냐고요. 혹시 편안한 삶을 찾아 도망친 건 아니냐고요. 하지만 저는 자신 있게 말씀 드릴 수 있습니다. 저는 도망친 것이 아닙니다. 그때 중환자실에서 환자의 손을 잡으며 느꼈던 그 뜨거운 심장 박동을 저는 단 한 순간도 잊은 적이 없습니다. 단지 장소가 바뀌었을 뿐입니다.

그때는 멈춰가는 심장을 다시 뛰게 하기 위해 에크모를 돌렸다면, 지금은 죽어가는 자존감을 다시 뛰게 하기 위해 레이저를 듭니다. 그때는 생사의 기로에 선 환자의 손을 놓지 않으려 밤을 새웠다면, 지금은 거울 앞에서 무너지는 환자의 마음을 놓지 않으려 고민합니다.

생명을 살리는 일과 피부를 살리는 일. 겉보기엔 무게가 달라 보일지 모릅니다. 하지만 환자가 겪는 고통의 무게 앞에서는 그 경중을 따질 수 없습니다. 누군가에게는 멈춘 심장만큼이나, 무너진 얼굴과 마음이 절박한 생존의 문제일 수 있으니까요.

그래서 저는 오늘도 진료실에서 다짐합니다. 10여 년 전, 그 처절했던 처치실에서 스승님이 보여주셨던 그 눈빛을 잃

지 않겠다고. 당신이 스스로를 포기하고 싶어질 때조차, 저는

끝까지 당신을 포기하지 않는 의사가 되겠다고 말입니다.

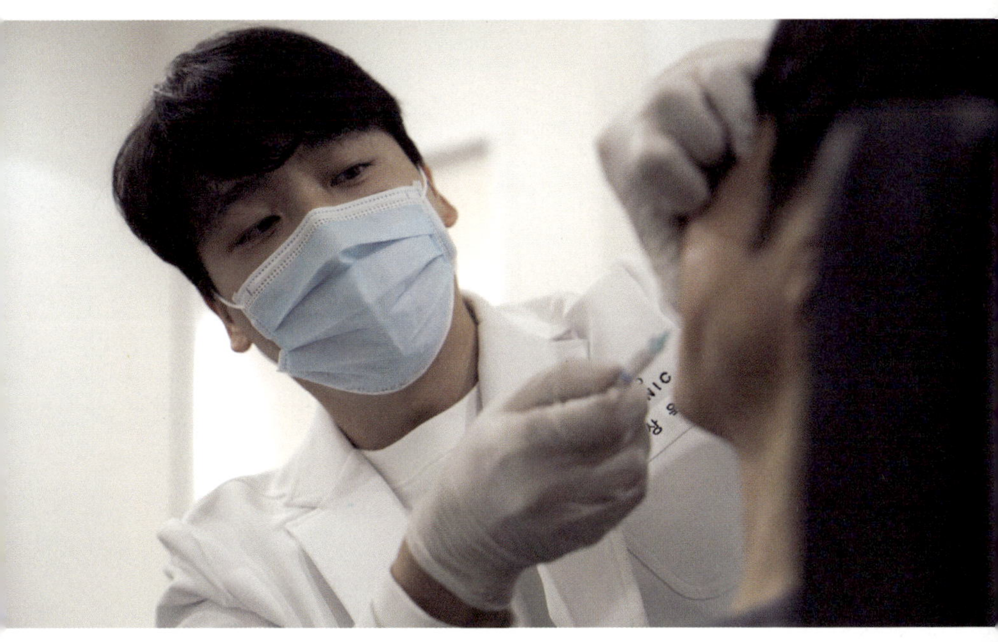

02

사실 저도
스스로에게 불만이 많았습니다

이처럼 생사의 최전선을 누비던 시절부터, 피부 미용을 하는 지금까지도 환자분들은 진료실에서 만나면 종종 이런 말씀을 하십니다.

"원장님은 의사 선생님이니, 평생 고생 모르고 엘리트 코스만 밟아오셨을 것 같아요."

그럴 때면 저는 쓴웃음을 지으며 가운 깃을 매만집니다. 지금 제 모습이 번듯해 보일지는 몰라도, 가운을 벗은 '인간 이상욱'의 지난날도 그야말로 부족함과 불만투성이였기 때문입니다. 저는 천재도 아니었고, 소위 말하는 금수저 인생과는 거리가 먼, 오히려 흙수저에 가까운 N수생이었습니다.

솔직히 고백하자면, 저는 의대 입시에 실패했었습니다. 남들은 대학 캠퍼스의 낭만을 즐길 때, 저는 좁은 독서실에 갇혀 지내야 했습니다. 설상가상으로 당시 집안 형편마저 처참하게 무너져 있었습니다. 예전에는 꽤 유복하게 살았지만, 가세가 기울면서 문제집 한 권을 사는 것조차 부모님 눈치가 보일 정도였습니다.

그때 저에게는 선택지가 없었습니다. "이번이 진짜 마지막이다. 여기서 실패하면 나는 끝이다." 배수의 진을 치고 총 한 자루 쥔 채 전쟁터로 나가는 심정으로 고려대학교에 진학했습니다. 오로지 장학금을 받기 위해서였습니다. 등록금을 낼 형편이 안 되었기에, 장학생이 되어 학비를 면제받고 그 4년 동안 의학전문대학원 입시를 준비하겠다는 독한 계산이었습니다.

그러니 대학 시절의 저에게는 낭만이 사치였습니다. 동기들이 미팅을 하고 축제를 즐길 때, 저는 도서관 구석에 박혀 매일 공부만 했습니다. "쟤는 인간미가 없다"는 수군거림이 들려왔지만, 신경 쓸 겨를이 없었습니다. 가끔 견딜 수 없는 자격지심이 밀려올 때도 있었지만, 그때마다 입술을 깨물며 버텼습니다.

한번은 과외 아르바이트를 해서 번 돈으로 어머니께 철없는 소리를 한 적이 있습니다.

"엄마, 나중에 성공해서 뚜껑 열리는 외제차 꼭 태워줄게."

그때 어머니가 기가 차다는 듯이 웃으며 하신 말씀이 아직도 귓가에 선합니다.

"야, 차 뚜껑 열리기 전에 내 뚜껑이 먼저 열리겠다."

그 농담 섞인 핀잔 뒤에 숨겨진 어머니의 한숨을 알기에, 저는 더더욱 저를 채찍질해야 했습니다. 비루한 현실을 벗어나는 길은, 화려한 겉모습을 꾸미는 것이 아니라 '과정'으로 스스로를 증명해 내는 것뿐이라고 생각했습니다.

하지만 저를 진짜 각성시킨 건, 당시 국내 대형 로펌 변호사로 이름을 날리고 있는 친구의 한마디였습니다. 학창 시절부터 공부에 미쳐있던, 그야말로 '독종'이라 불리던 친구였죠. 하루는 그 녀석이 제게 뼈 아픈 말을 던졌습니다.

"상욱아, 나는 네가 노력을 한 적이 없다고 생각해. 단 한 번도 죽을 만큼 해본 적이 없잖아."

순간 말문이 막혔습니다. 나름대로 치열하게 산다고 자부

했는데, 친구의 눈에는 제가 그저 적당히 타협하며 살아온 것처럼 보였던 겁니다. 하지만 반박할 수가 없었습니다. 그 친구는 공부하다 졸리면 얼음물이 가득 찬 욕조에 들어가 정신을 깨우던 녀석이었으니까요. 본인이 천재가 아니라는 걸 알기에, 자신의 한계를 매일매일 갱신하며 처절하게 싸우던 친구였습니다.

그 친구를 보며 깨달았습니다. 제가 느꼈던 한계가, 사실은 진짜 한계가 아니라 '내가 정해놓은 편한 선'이었을지도 모른다는 사실을요.

그때부터 저는 무작정 책상에 앉아 있는 것을 멈추고, 저를 철저하게 '분석'하기 시작했습니다. '나는 몇 시간을 집중할 수 있는가?', '내가 외운 지식은 언제 휘발되는가?' 제 집중력의 한계와 기억 주기를 냉정하게 데이터화했고, 하루를 '시간' 단위가 아닌 '분' 단위로 쪼개어 살았습니다. 시간이 저를 쫓아오게 두지 않고, 제가 시간을 앞질러 달려가는 마라톤을 시작한 겁니다.

불안할 때마다 주문처럼 되뇌었습니다. "나는 1분 1초도 나를 속이지 않았다. 그러니 결과는 무조건 나온다." 막연한 두려움을 확신으로 바꾸는 유일한 방법은, 스스로를 속이지 않는 정직한 시간뿐이었습니다.

의사가 된 후, 저는 '긍정에너지 토리파'라는 닉네임으로 유튜브를 시작해 공부법을 나누기 시작했습니다. 제가 유튜브를 시작한 이유는 단 하나였습니다. 과거의 저처럼 "노력해도 안 된다"며 어둠 속에 있을 누군가에게, 지금 지나고 있는 이 터널의 끝에는 반드시 빛이 있다는 사실을 알려주고 싶었기 때문입니다. 제가 겪은 시행착오를 후배들은 조금 덜 겪기를 바라는 마음, 그것이 전부였습니다.

인생은 크게 3막이라고들 합니다. 누구보다 치열하게 경쟁하고, 밤잠을 줄여가며 실력을 갈고닦았던 10대와 20대. 그 뜨거웠던 시간이 제 인생의 1막이었습니다. 그 덕분에 저는 지금, 40대라는 인생의 2막을 의사로서, 그리고 한 사람으로서 단단하게 살아가고 있습니다.

그리고 언젠가 다가올 3막, 노년의 시기를 상상해 봅니다. 저는 훗날 세상을 떠날 때가 온다면, 사람들에게 이런 말을 듣는 사람이 되고 싶습니다.

"저 사람은 평생을 치열하게 탐구하더니, 결국 거대한 도서관이 타들어가는 것 같구나."

아프리카의 한 현자는 "노인 한 사람이 죽는 것은 도서관 하나가 불타 없어지는 것과 같다"고 했습니다. 저는 그 말이 참 좋습니다. 머리와 가슴속에 평생을 바쳐 쌓아 올린 의학적 지식, 수십만 명의 환자를 만나며 깨달은 삶의 통찰, 그리고 인간에 대한 깊은 이해가 마치 빽빽하게 꽂힌 서재의 책들처럼 가득 차기를 바랍니다.

먼 훗날 제가 눈을 감을 때, 단순히 '의사 한 명'이 사라지는 것이 아니라, 세상이 '수많은 지혜가 담긴 도서관 하나'를 잃은 것처럼 안타까워할 수 있는 사람. 저는 그런 밀도 있는 삶을 살고 싶습니다.

그 마지막 순간을 위해, 저는 오늘도 진료실이라는 제 작은 서재에서 부지런히 책장을 채워나갑니다. 환자분의 주름 하나에서 인생을 읽고, 흉터 하나에서 아픔을 배우며, 그렇게 저만의 도서관을 짓고 있습니다.

부디 이 책이 제 도서관에서 꺼내어 당신에게 건네는 작은 '대출 도서'가 되기를 바랍니다. 평탄치 않았던 저의 지난날과 치열했던 고민의 기록들이, 당신의 삶을 읽어내고 다시 일어서게 하는 따뜻한 길잡이가 되어주기를 간절히 소망합니다.

03

가장 아픈 흉터는
보이지 않는 곳에 있었습니다

앞서 이야기했듯 사람들은 흔히 의사라고 하면, 하얀 가운만큼이나 삶도 정갈하고 흠집 하나 없을 것이라 생각합니다. 하지만 의사 가운은 때로 나의 가장 취약한 부분을 가려주는 완벽한 '가면'이 되기도 합니다.

저에게도 그런 시절이 있었습니다. 병원 매출이 개원 이래 최고치를 찍으며 승승장구하던 날, 직원들의 환호와 숫자로 증명된 성과 앞에서 저는 경영자로서 정점에 선 듯했습니다. 하지만 축하를 뒤로하고 집으로 돌아왔을 때, 저를 맞이한 건

칠흑 같은 어둠과 적막뿐이었습니다.

그 무렵, 저는 이혼이라는 거친 풍랑의 한가운데에 있었습니다. 현관문을 열면 반겨주던 아이들의 목소리도, 온기를 나눠주던 가족의 흔적도 모두 사라진 텅 빈 집. 불 꺼진 거실에 홀로 앉아 창밖의 화려한 야경을 내려다보며 제가 느낀 감정은 성취감이 아닌 밑도 끝도 없는 공허함이었습니다. '누구를 위해서, 무엇을 위해서 나는 오늘 하루 그토록 치열하게 살았나?' 가정을 잃어버린 가장의 어깨 위에 내려앉은 삶의 무게는 감당하기 벅찼습니다. 순간, 저 아래 어둠 속으로 몸을 던지면 이 지독한 공허가 끝날까 싶은 무서운 생각이 스칠 정도로 저의 내면은 철저히 무너져 내리고 있었습니다.

참 아이러니하게도, 제 삶이 가장 밑바닥을 치고 있을 때 병원은 가장 잘되었습니다. 매일 아침, 저는 무너진 마음을 추스르고 도망치듯 병원으로 향했습니다. 진료실 문을 여는 순간, 저는 '인간 이상욱'의 기억을 삭제하고 '의사 이상욱'을 연기했습니다. 하지만 겉으로는 환자의 피부를 살피고 치료 계획을 말하고 있었지만, 속으로는 이런 생각이 저를 괴롭혔습니다. '지금 내 꼴이 이런데 누구를 치료한다는 말인가. 사실은 저 환자보다 의사인 내가 더 아픈데...' 그 시절 저는 분명

가운을 입은 의사였지만, 실상은 진료실에 들어오는 그 어떤 환자보다 더 깊이 병든, '환자보다 더 아픈 의사'였습니다.

그런데 제가 그렇게 아파보니, 신기하게도 예전에는 보이지 않던 환자들의 그림자가 읽히기 시작했습니다. 한번은 50대 중반의 어머님이 찾아오셨습니다. 일찍이 남편을 잃고 홀로 두 아이를 키워내신 분이었습니다. 성인이 된 자녀들이 십시일반 모아준 200만 원을 손에 쥐고 오셔서는 "내가 무슨 주책인가 싶기도 하고…"라며 쑥스러워하셨습니다. 그분의 깊게 패인 주름에서 저는 지난 20년의 세월을 보았습니다. 아빠의 빈자리를 채우기 위해 당신의 이름은 잊고 살았던 시간들. 가정이 해체되는 아픔을 겪고 있던 저로서는 그분의 주름 하나하나가 예사롭지 않게 느껴졌습니다. 그분의 시술을 해드리는 동안, 저는 단순히 주름을 펴는 것이 아니라 그분이 감내해 온 인고의 시간을 어루만져 드리고 싶었습니다.

그때부터 진료실은 제게 단순한 일터가 아니었습니다. 서로의 상처를 들여다보고, "당신도 힘들었군요, 나도 그랬습니다"라는 무언의 위로가 오가는 공간. 저는 그곳에서 환자들에게 치료를 해주었지만, 반대로 환자분들에게서 다시 살아갈 힘을 얻는 '치유의 안식처'가 되었습니다.

많은 분들이 제게 묻습니다. 이토록 힘든 시기를 어떻게 견뎠느냐고 말이죠. 저는 이제 자신 있게 말할 수 있습니다. 튤립 같은 구근식물은 살을 에는 듯한 혹독한 겨울을 차가운 땅속에서 온전히 버텨내야만 봄에 찬란한 꽃을 피웁니다. 춥고 어두운 흙 속에서 웅크리고 있는 시간은 죽어있는 정지의 시간이 아니라, 생명을 틔우기 위해 에너지를 응축하는 가장 치열하고 중요한 시간입니다. 그렇게 생각하니 제가 겪은 아픔은 제 인생의 겨울이 되어줬습니다. 당시에는 끝이 보이지 않는 긴 터널을 걷는 기분이었지만, 돌이켜보니 그 겨울이 있었기에 저는 비로소 타인의 아픔에 머리가 아닌 가슴으로 공감하는 법을 배웠습니다.

지금 이 순간, 인생의 가장 어두운 터널을 지나고 있는 당신이 있다면, 제가 유럽 여행 때 겪은 이야기를 들려드리고 싶습니다. 당시 저는 15km가 넘는 긴 터널을 운전해서 지나간 적이 있습니다. 심지어 속도 제한이 시속 40km였습니다. 차들 사이에서 30분 가까이 달려도 여전히 어둠 속이었습니다. 덜컥 겁이 났습니다. '이 터널에 끝이 있기는 한 걸까? 내가 길을 잘못 든 건 아닐까?' 숨이 막혀올 듯한 답답함이 밀려왔습니다.

어쩌면 지금 당신이 느끼는 감정도 이와 다르지 않을 것입니다. 칠흑 같은 어둠 속에 갇혀, 내가 가는 이 길이 맞는지 끊임없이 의심하고 불안해하고 계실지도 모릅니다.

하지만 기억하세요. 모든 터널에는 반드시 끝이 있습니다. 아무리 길고 지루해도, 멈추지 않고 묵묵히 핸들을 잡고 가다 보면 어느 순간 눈부신 빛과 함께 출구가 나타납니다. 많은 사람들이 출구를 불과 몇백 미터 남겨두고, 그 어둠을 견디지 못해 중간에서 멈춰버리는 것이 너무나 안타깝습니다.

그러니 지금 당신이 끝이 보이지 않는 어두운 터널 속에 있다고 해서 자신을 미워하지 마세요. 당신은 길을 잃은 것이 아닙니다. 출구를 향해 아주 잘 가고 있는 중입니다. 환자보다 더 아팠던 저도 그 터널을 지나왔기에, 지금 어둠 속에 있는 당신의 마음을 누구보다 잘 압니다. 조금만 더 버텨주세요. 칭찬해 주세요. 지금까지 포기하지 않고 핸들을 놓지 않은 것만으로도, 당신은 이미 충분히 대단합니다.

누구나,
각자만의 '가운'을 입습니다

매일 아침, 병원 진료실에 들어서면 자연스레 가장 먼저 하는 의식이 있습니다. 옷걸이에 걸린 하얀 의사 가운을 꺼내 입는 일입니다. 빳빳하게 다려진 가운의 소매에 팔을 끼워 넣고, 단추를 하나씩 채울 때마다 제 몸에는 보이지 않는 스위치가 켜집니다. '인간 이상욱'의 스위치는 잠시 꺼두고, '의사 이상욱'의 스위치를 켜는 순간입니다. 이 얇은 천 조각 하나가 뭐라고, 몸에 걸치는 순간 제 눈빛부터 달라집니다. 목소리의 톤은 더 차분해지고, 마음가짐은 비장해집니다.

저에게 의사 가운은 일종의 전쟁터로 나가는 장수의 갑옷이자, 동시에 저의 나약함을 철저하게 가려주는 가장 완벽한 '가면'입니다.

세상 사람들은 '의사'라는 직업에 대해 일종의 판타지를 가지고 있습니다. 의사는 늘 강인해야 하고, 모든 건강 지식을 통달하고 있으며, 어떤 상황에서도 흔들리지 않는 정답을 제시해 줄 거라 믿습니다. 환자들에게 "술과 담배는 해롭습니다", "스트레스는 만병의 근원이니 마음을 편하게 먹으세요"라고 매일 잔소리를 늘어놓지만, 사실 그 말을 하는 의사들이야말로 누구보다 스트레스에 취약하고 불규칙한 삶을 사는 경우가 허다합니다. 하지만 가운을 입고 있는 동안만큼은 우리는 아프지 않은 척, 지치지 않은 척, 모든 것을 통제할 수 있는 척 연기해야 합니다. 그것이 환자에게 신뢰를 주는 길이라 믿었으니까요.

하지만 가운을 벗는 순간, 저는 아주 평범하고, 때로는 아주 초라한 40대의 남자로 돌아옵니다. 청바지에 티셔츠를 입고 거울 앞에 선 저는 실수투성이고, 지난 선택을 후회하며 밤잠을 설치고, 때로는 아무 말도 하기 싫어 동굴로 숨어버리고 싶은 나약한 인간일 뿐입니다. 병원에서는 하루 종일 수십 명의 환자와 상담하며 말을 쏟아내지만, 정작 퇴근길 차 안에서는 입을 꾹 다문 채 멍하니 창밖만 바라봅니다. 가운이 주는 무게감이 사라진 자리에는 지독한 피로감과 설명할 수 없는 공허함만이 남습니다.

앞서 고백했던 이혼의 아픔을 겪고 있던 그 무렵, 저는 문득 그 가면이 견딜 수 없이 답답해지는 순간을 맞이했습니다. 마음이 너무 아파서 숨조차 쉬기 힘들었던 시기였습니다. 그런데도 진료실에서는 환자들에게 "긍정적으로 생각하세요", "마음이 편해야 피부가 좋아집니다"라고 앵무새처럼 말하고 있는 제 자신이 너무나 위선적으로 느껴졌습니다. '나는 지금 무너지고 있는데, 누구를 위로하고 있는 거지?' 환자들 앞에서 완벽한 의사인 척 연기하는 것이, 마치 그들을 속이는 기만이 아닐까 하는 죄책감이 밀려왔습니다.

그렇게 가운의 무게를 조금 내려놓고 나니, 비로소 제 나이 '마흔'이 보이기 시작했습니다. 그리고 놀랍게도, 가운을 벗으니 인간관계의 민낯도 함께 보였습니다.

우리는 흔히 인맥을 자산이라고 말합니다. 하지만 제가 바닥을 찍고 나서 뼈저리게 깨달은 사실은, 대부분의 인맥은 자산이 아니라 '비용'이거나 '거품'이라는 것입니다. 내가 잘나갈 때, 내 명함이 화려할 때 주변에 모여드는 사람들은 '나'라는 사람이 아니라 나의 화려한 '가운'을 보러 온 관객들일 뿐입니다. 그들은 샴페인을 터뜨릴 때는 누구보다 크게 박수를 치지만, 계산서를 내밀어야 할 땐 가장 먼저 사라집니다.

이혼 직후, 저는 인생에서 가장 취약한 상태였습니다. 제가 생각하던 사회적 체면과 가정이라는 견고했던 울타리가 동시에 무너져 내렸으니까요. 그런데 제 삶이 송두리째 흔들리던 그 시기, 인간관계에서는 일종의 체, 거름망이 함께 흔들리기 시작했습니다. 마치 곡식을 걸러내듯 삶이 격렬하게 흔들리자, 관계의 거름망 위에서 사람들이 솎아지더군요. 가볍게 곁돌던 관계, 필요에 의해 맺어졌던 인연, 그저 내 '가운'이 빛날 때만 옆에 있던 '쭉정이' 같은 사람들은 체의 구멍 사이로 후두둑 떨어져 나갔습니다. 그리고 그 진동을 견디며 끝까지 망 위에 남는 사람들, 가운을 벗은 초라한 '인간 이상욱'을 봐주는 묵직하고 단단한 '알곡' 같은 진짜 내 사람들만 남게 되었습니다.

그 과정은 쓰라렸습니다. 평소 호형호제하며 누구보다 가깝게 지내던 형이 있었습니다. 제가 벼랑 끝에 서 있다는 소식을 듣고, 그는 위로는커녕 이런 말을 던졌습니다. "야, 너는 그래도 그동안 처가 덕분에 잘 먹고 잘살지 않았냐? 이 정도면 많이 누렸지." 그 말을 듣는 순간, 가슴이 베이는 듯한 통증과 함께 정신이 번쩍 들었습니다. 사람이 가장 약해져 있을 때, 누군가는 걱정을 가장한 호기심으로 다가와 상처를 헤집고, 누군가는 비아냥거림으로 그동안 숨겨왔던 본심을 드러낸다는 것을 알았습니다. 그는 제 가운이 구겨지자 가장 먼저 떨어져 나간 가벼운 인연이었던 겁니다.

그제야 어릴 적 할아버지께서 무릎에 앉혀두고 하셨던 말씀이 사무치게 떠올랐습니다. "애야, 결혼식에 와서 박수 치는 하객은 시간이 지나면 다 잊게 되더라. 하지만 초상집에 와서 밤새워주는 문상객은 평생 잊지 못한다." 그때는 그 말이 그저 '의리'를 지키라는 뜻인 줄로만 알았습니다. 당연히 저와는 먼 이야기라고 생각했기 때문에 오히려 "결혼식에 온 사람들을 잊지 않고 잘 챙겨야겠다"로 받아들였죠. 하지만 제가 막상 '살아있는 초상집' 같은 신세가 되어보니, 그 말씀의 진짜 무게를 깨달았습니다.

사람이 정말 힘들 때 필요한 건, 분석이나 충고가 아닙니다. "거봐, 내 뭐라 그랬어" 식의 훈수는 더더욱 아닙니다. 칠흑같은 어둠 속에 혼자 남겨진 사람에게는, 그저 아무 말 없이 곁에 앉아 있어 주는 인기척, 부담을 주지 않으려고 가볍게 묻는 안부, 이런 따뜻한 온기 하나가 생명줄이 됩니다. 내가 무너져 내릴 때 도망가지 않고 내 곁을 지키는 사람, 그들이야말로 내 인생의 거름망이 걸러낸 '진짜 보석'들입니다.

그 형의 비아냥 덕분에 저는 오히려 명확히 알게 되었습니다. 인생의 겨울이 닥치면, 화려했던 잎사귀는 다 떨어지고 단단한 가지와 뿌리만 남는다는 것을요. 아무것도 묻지 않고 "밥은 먹었냐, 나와라 술 한잔하자"며 제 손을 잡아준 친구. "너는 충분히 잘해왔다, 고생했다. 이제는 잠시 쉬어가도 된다"며 묵묵히 제 이야기를 들어준 선배. 그 소수의 사람들이 이제는 제 삶을 지탱해 주는 닻이 되었습니다.

가운을 벗고 나니 비로소 보이는 것들. 저는 이제 억지스러운 관계에 연연하지 않습니다. '손절'이라는 말을 굳이 쓰지 않고, 자연스럽게 거리를 받아들이고 있습니다. 나를 힘들게 하는 사람, 만날 때마다 에너지를 뺏어가고 자신의 감정 쓰레기를 내게 버리는 사람, 나의 호의를 권리로 착각하는 사람들과는 조용히 거리를 둡니다. 싸우거나 설득하려 하지 않고, 그저 뒷걸음질 치며 조용히 멀어지는 것. 그것이 나를 지키고, 남은 에너지를 내 소중한 사람들에게 온전히 쏟기 위한 40대에 접어든, '인간 이상욱'의 지혜입니다.

　대신 저는 혼자 있는 시간의 즐거움을 배웠습니다. 가운을 벗고, 가장의 무게도 잠시 내려놓고, 온전히 '나'와 마주하는 시간. 스트레스가 극에 달하는 날이면 저는 혼자 세차장으로 향합니다. 멍하니 고압수를 뿌리며 차를 닦습니다. 세찬 물줄기 소리에 세상의 소음이 묻히고, 단순한 반복 행위에 집중하다 보면 복잡했던 머릿속이 하얗게 비워집니다. 반짝이는 차를 볼 때 느끼는 소소한 성취감은 덤입니다. 가끔은 방에 틀어박혀 레고를 조립합니다. 설명서를 따라 작은 블록 하나하나를 맞추는 그 시간만큼은 아무런 생각도, 걱정도 없습니다. 뇌를 잠시 공허한 상태로 만드는 것, 생각을 멈추는 것. 복잡한 생각들을 손 끝으로 내보내고, 비워냅니다. 하지만 역설적이게도 비워내야만 다시 채울 힘이 생긴다는 것을 이 고독한 취미들을 통해 배웁니다.

　고독은 외로움과 다릅니다. 외로움이 타인의 부재에서 오는 결핍이라면, 고독은 자발적으로 나 자신과 함께하는 충만함입니다. 우리는 이 고독을 두려워할 필요가 없습니다. 오히려 이 고독의 시간을 통해 우리는 가운 속에 감춰져 있던 '진짜 나'를 만나고, 다시 그 무거운 가운을 입고 세상 밖으로 나갈 힘을 얻습니다. 내가 존재해야 가운도 존재할 수 있으니까요.

이 글을 읽고 계신 당신의 어깨 위에도 각자의 무거운 가운이 걸려 있겠지요. 누군가는 현관문을 나서는 순간 '가장'이라는 무거운 책임감의 가운을, 누군가는 회사에 도착하자마자 능력을 증명해야 하는 '직함'의 가운을, 또 누군가는 아이들 앞에서 한없이 강해야만 하는 '부모'라는 희생의 가운을 껴입습니다. 그 가운의 무게가 때로는 견딜 수 없이 버거워 주저앉고 싶을 때가 있을 겁니다. 남들은 다 잘 사는 것 같은데, 나만 이렇게 힘든 건가 자책할 때도 있을 겁니다.

하지만 기억해 주세요. 화려해 보이는 대표 원장의 가운 뒤에도, 당신과 똑같이 아파하고, 흔들리고, 사람 때문에 상처받는 한 남자가 서 있다는 사실을요. 우리 모두는 각자의 가운 뒤에서 저마다의 전쟁을 치르고 있는 전우들입니다.

가운이 너무 무겁게 느껴질 땐, 잠시 내려놓고 나 자신을 돌보는 고독의 시간을 가져보시길 바랍니다. 그리고 오늘 밤, 집에 돌아가 가운을 벗은 자신에게 따뜻한 말 한마디 건네주셨으면 좋겠습니다. "오늘 하루도 애썼다. 너는 참 잘하고 있다." 가운 뒤에 숨겨진 당신의 떨리는 어깨를, 그리고 그 고독한 등을 조용히 응원하겠습니다. 당신은 혼자가 아닙니다.

2부

비로소
보이는 것들

01

"선생님도 많이 힘들었겠네요"라는
한마디

의사 면허를 따고 진료를 시작한 지 10년이 훌쩍 넘었습니다. 그 긴 시간 동안 저는 수만 명의 환자를 만났습니다. 개원 초기의 저는 스스로를 '해결사'라고 정의했던 것 같습니다. 환자가 피부 문제를 가지고 오면, 정확한 진단을 내리고 가장 효과적인 레이저를 쏘아 증상을 없애주는 것. 그것이 의사의 본분이며, 그 과정을 얼마나 빠르고 완벽하게 해내느냐가 저의 능력을 증명하는 길이라고 믿었습니다.

그래서였을까요. 당시 제 눈에는 '사람'보다는 '증상'이 먼저 보였습니다. 진료실 문이 열리고 환자가 들어오면, 제 시선은 자동적으로 그분의 피부를 스캔합니다. 기미의 깊이는 어느 정도인지, 여드름의 염증 상태는 심각한지. 환자가 자리에 앉기도 전에 제 머릿속에는 이미 처방전이 완성되어 있곤 했습니다. 가끔 예민하거나 표정이 어두운 환자를 만나면 속으로 생각했습니다. '치료 경과도 좋은데 오늘 왜 저렇게 까칠하실까?' 그때의 저는 환자의 피부는 보았지만, 그 피부 안쪽에 있는 사람의 마음은 보지 못하는 기능적인 의사였습니다.

그 오만한 시선이 철저하게 깨진 것은, 제 삶이 무너져 내리며 '의사'라는 껍데기가 벗겨진 뒤였습니다. 인생의 큰 시련을 겪으며 저는 깨달았습니다. 의사 가운을 입었다고 해서 고통이 비켜가지는 않는다는 것을요. 밖에서는 성공한 원장님이었지만, 내면은 텅 비어버린 폐허가 되고 나니 비로소 저를 찾아오는 환자분들이 다시 보였습니다. 그들은 단순히 점을 빼러 온 것이 아니라, 각자의 아픈 사연을 안고 위로받을 곳을 찾아온 사람들이었습니다. 예전에는 "원장님, 요즘 피부가 엉망이 됐어요"라는 말이 단순한 증상 호소로 들렸다면, 이제는 "원장님, 저 요즘 좀 힘들어요."라는 마음의 소리로 들리기 시작했습니다.

저는 더 이상 환자들 앞에서 '완벽한 의사'인 척 연기할 수가 없었습니다. 개그맨 김병만 씨가 "리허설에서 매운맛을 미리 봐버리면 본무대에서 진짜 리액션이 나오지 않아 관객에게 거짓말하는 기분이 든다"고 했던 것처럼, 저 역시 아프지 않은 척 가면을 쓰고 환자들을 만나는 것이 그들을 속이는 기만이 아닐까 싶었습니다.

그래서 저는 용기를 내어 제 유튜브 채널을 통해 솔직한 고백을 했습니다. "사실 저도 많이 힘듭니다. 의사라고 해서 다 괜찮은 게 아닙니다." 주변 모두가 만류했지만, 저는 그저 솔직해지고 싶었습니다. 영상을 올리고 나서, 저는 두려움 반 기대 반으로 댓글창을 열었습니다. 그런데 그곳에는 제가 전혀 예상치 못한 풍경이 펼쳐져 있었습니다. 비난이나 조롱 대신, 수많은 위로와 응원의 메시지가 가득했습니다.

"그동안 얼마나 힘드셨어요. 사실 저도 원장님 영상을 보며 많이 울었습니다. 저만 힘든 게 아니었네요." "의사 선생님도 우리와 똑같은 사람이었군요. 그 솔직함에 오히려 큰 용기를 얻고 갑니다. 버텨주셔서 감사합니다." "선생님도 많이 힘들었겠네요. 이제는 저희가 응원해 드릴게요."

그 댓글들을 읽으며 저는 진료실 책상 앞에 앉아 한참을

울었습니다. 저는 늘 의사는 치료하는 사람이고, 환자는 치료 받는 사람이라고 생각해 왔습니다. 하지만 그것은 저의 착각이었습니다. 오히려 환자분들이 저를 치료해 주고 계셨습니다. 그분들은 저의 의술이 아니라, 저의 '인간적인 아픔'에 공감해 주셨고, 무너진 저를 다시 일으켜 세워주셨습니다.

이 경험은 제가 의사로서 살아가는 태도를 완전히 바꾸어 놓았습니다. 이제 저는 환자를 '고쳐야 할 대상'이 아니라, 함께 지금 시기를 지나가는 '동지'로 바라봅니다. 우리는 의사와 환자라는 역할을 맡아 만났지만, 그 이전에 각자의 짐을 지고 살아가는 똑같은 인간입니다. 제가 겪은 아픔은 훈장이 되어, 비슷한 아픔을 가진 환자분들을 만날 때 깊은 공명을 만들어 냅니다. "저도 겪어봐서 알아요. 지금 얼마나 힘드신지." 이 짧은 한마디가, 때로는 백 마디의 의학적 조언보다 더 큰 치유의 힘을 발휘한다는 것을 저는 이제 압니다.

진료를 하다 보면 가끔 저에게 넌지시 안부를 묻는 환자분들이 계십니다. "원장님, 식사는 하셨어요? 얼굴이 좀 야위신 것 같아요." 그 따뜻한 걱정 한 마디에, 저는 의사 가운의 무게를 잠시 내려놓고 미소 짓습니다. 그리고 생각합니다. 나는 참 복 받은 의사라고. 여기서 나는 일방적으로 베푸는 것이 아니라, 이렇게 서로의 온기를 나누며 함께 살아가고 있구나, 하고 말입니다.

상처 입은 치유자Wounded Healer라는 말이 있습니다. 자신이 상처 입어본 사람만이 타인의 상처를 진정으로 이해하고 치유할 수 있다는 뜻입니다. 비록 제 개인적인 삶에는 지울 수 없는 흉터가 생겼지만, 그 흉터 덕분에 저는 비로소 환자들의 마음을 읽을 수 있는 진짜 눈을 갖게 되었습니다.

오늘도 진료실 문이 열립니다. 들어오시는 환자분의 눈빛이 조금 슬퍼 보입니다. 예전 같으면 바로 레이저 기계의 전원을 켰겠지만, 오늘은 먼저 이렇게 물어보려 합니다. "오시느라 고생 많으셨죠? 오늘따라 표정이 좀 지쳐 보이시네요. 무슨 일 있으셨어요?" 피부가 아니라, 사람을 봅니다. 그것이 제가 아픔 끝에 배운, 진짜 의술의 시작입니다.

02

죽음을 앞둔 어머니가
마지막으로 남기고 싶었던 것

이런 제게 의사로서 가치관을 송두리째 뒤흔든 환자가 누구냐고 묻는다면, 저는 주저 없이 프롤로그에서 이야기했던, 강원도 영월에서 오셨던 어머님을 떠올립니다.

그날은 유난히 진료가 바쁜 날이었습니다. 진료실 문이 열리고, 한눈에 봐도 병색이 짙은 중년의 여성분이 들어오셨습니다. 항암 치료 중임을 짐작게 하는 비니 모자를 깊게 눌러쓰고, 마스크 위로 드러난 눈가는 깊게 패어 있었습니다. 무엇보다 제 눈을 사로잡은 건, 앙상하게 마른 손목과 그 피부를 뒤

덮은 거뭇거뭇한 기미들이었습니다.

차트를 확인한 저는 순간 말문이 막혔습니다. '유방암 4기. 전신 전이.' 이미 암세포가 뼈와 장기까지 퍼져, 현대 의학으로는 더 이상 손을 쓸 수 없는 말기 암 환자셨습니다. 강원도 영월이라는 먼 곳에서 서울까지 오신 이유가 도무지 짐작 가지 않았습니다. 혹시나 피부에 전이된 암 통증 때문일까 싶어 조심스럽게 여쭈었습니다.

"어머님, 몸도 많이 힘드실 텐데... 어디가 불편해서 오셨어요?"

그분은 힘겹게 마스크를 내리며, 거울 속 자신의 얼굴을 가리켰습니다. "원장님, 여기 얼굴에 기미랑 잡티 좀 없애고 싶어서요. 이거 좀 깨끗하게 지워주실 수 있나요?"

솔직히 당황스러웠습니다. 생사의 기로에 서 있는 분이, 고작 얼굴의 잡티 때문에 그 먼 길을 달려왔다는 사실이 이해되지 않았습니다. 의사로서의 양심이 앞섰습니다. 항암 치료로 면역력이 바닥난 상태에서 레이저 시술을 하는 것은 피부에 무리가 갈 수도 있었고, 무엇보다 지금 그분에게 필요한 건 '미용'이 아니라 '휴식'이라고 생각했기 때문입니다.

"어머님, 지금은 몸을 추스르시는 게 우선이에요. 레이저 치료가 아플 수도 있고, 오고 가시는 길도 너무 머시잖아요. 조금 더 건강해지시면 그때 하시는 게 어떨까요?"

저의 만류에도 그분은 고개를 저으셨습니다. 그리고 제 눈을 똑바로 바라보며, 아주 차분하고 단단한 목소리로 말씀하셨습니다.

"선생님, 저도 알아요. 저한테 시간이 얼마 안 남았다는 거요. 그래서 왔어요. 죽기 전에... 제 인생에서 가장 아름다운 순간을 남기고 싶어서요."

그 순간, 진료실의 공기가 멈춘 듯했습니다. 그분은 담담하게 말을 이어가셨습니다. "지난 몇 년 동안 거울을 보면, 제 얼굴은 온데간데없고 '암 환자'만 서 있더라고요. 항암 때문에 머리는 빠지고, 얼굴은 까맣게 죽어가고... 가족들이 나를 볼 때마다 슬픈 눈으로 보는 게 너무 미안해요. 내가 떠나고 났을 때, 영정 사진 속의 내 모습이 아픈 환자가 아니라, 그냥 예쁜 엄마, 고운 여자로 기억됐으면 좋겠어요."

그 말을 듣는데, 둔기로 머리를 맞은 듯한 충격을 받았습니다. 저는 그때까지 피부 미용에 관해서 제 스스로를 '사람의 생명을 다루지 않는, 그저 겉모습을 꾸며주는 기술자' 정도로 폄하하고 있었습니다. 응급실 의사처럼 비장하지도, 외과 의사처럼 드라마틱하지도 않은 제 직업에 대해 일종의 열등감마저 가지고 있었죠. 하지만 어머님에게 이 치료는 사치가 아니었습니다. 그것은 죽음이라는 거대한 공포 앞에서, 끝까지 나 자신을 잃지 않으려는 '존엄을 지키기 위한 일종의 마지막 투쟁'이었습니다. 병마가 갉아먹은 '환자'라는 껍데기를 벗고, 온전한 '나'로 돌아가고 싶은 간절한 소망이었습니다.

저는 그날 바로 치료를 시작했습니다. 영월에서 서울까지, 왕복 4시간이 넘는 거리를 어머님은 한 번도 빠지지 않고 오셨습니다. 항암 치료를 받는 와중에도 병원에 오는 날이면 소녀처럼 설레하셨습니다. "원장님, 지난번보다 얼굴이 좀 환해진 것 같지 않아요?" 거울을 보며 아이처럼 기뻐하시는 모습을 볼 때면, 저 역시 그분이 말기 암 환자라는 사실을 잊곤 했습니다.

진료실에서 우리는 암에 대한 이야기는 하지 않았습니다. 대신 그분의 삶에 대해 이야기했습니다. 젊었을 때 얼마나 고왔는지, 자식들을 키우느라 얼마나 치열하게 살았는지, 그리고 지금 이 순간이 얼마나 감사한지에 대해 나누었습니다. 회차를 거듭할수록 그분의 얼굴에서 검은 기미가 옅어지고, 칙칙했던 피부 톤이 맑아졌습니다. 하지만 정말로 달라진 건 피부가 아니라 '눈빛'이었습니다. 죽음을 기다리는 사람의 체념한 눈빛이 아니라, 오늘 하루를 온전히 사랑하는 여자의 생기 넘치는 눈빛이 그 자리를 채웠습니다.

어느 날, 치료가 끝나고 어머님이 제 손을 꼭 잡으며 말씀하셨습니다. "선생님, 고마워요. 덕분에 얼마나 기쁜지 몰라요." 그것이 어머님의 마지막 모습이었습니다.

그로부터 1년 뒤, 문자 한 통이 도착했습니다. [원장님, 영월에서 다니셨던 ○○○ 환자의 아들입니다. 어머니께서 소천하셨습니다. 어머니가 생전에 원장님 병원 다니는 걸 참 좋아하셨어요. 덕분에 마지막 가시는 길, 참 곱고 예쁜 모습으로 가셨습니다. 어머니의 마지막 자존감을 지켜주셔서 진심으로 감사합니다.]

진료실에 멍하니 앉아 그 문자를 한참이나 들여다보았습니다. 눈물이 왈칵 쏟아졌습니다. 장례식장에 놓인 영정 사진 속에서, 어머님은 제가 치료해 드린 그 환하고 깨끗한 얼굴로 활짝 웃고 계셨을 겁니다. 가족들은 그 사진을 보며 '아픈 엄마'가 아니라 '세상에서 가장 아름다웠던 우리 엄마'를 기억하겠지요.

이 사건은 제가 의사라는 직업을 대하는 태도를 완전히 바꿔놓았습니다. 이전까지 저는 피부 미용 분야를 '마이너스(-)를 제로(0)로 만드는 곳'이라고 생각했습니다. 여드름이 난 걸 없애고, 기미를 지우는 곳이라고요. 하지만 그것은 틀렸습니다. 이곳은 '제로(0)를 넘어 플러스(+)를 만드는 곳'이었습니다. 피부를 치료한다는 것은, 단순히 피부 겉으로 보이는 병변만을 다루는 기술적 행위가 아니라는 생각이 들었습니다. 그 사람이 잃어버렸던 자신감, 잊고 살았던 본연의 아름다움, 그리고 삶을 대하는 긍정적인 에너지를 회복시켜 주는 과정이었습니다.

심장을 다시 뛰게 하는 것만이 사람을 살리는 것은 아닙니다. 죽음 앞에서도 '여자'이고 싶었던 그 어머님처럼, 무너진 마음을 다시 뛰게 하고, 스스로를 사랑하게 만드는 일 또한 사람을 살리는 일임을 저는 뼈저리게 깨달았습니다.

이제 저는 제 직업과 분야를 더 이상 부끄러워하지 않습니다. 누군가는 "겉모습이 뭐가 중요해? 마음이 중요하지"라고 말합니다. 하지만 마음이 담기는 그릇인 몸과 얼굴을 아끼고 가꾸는 일은, 결국 내 마음을 돌보는 가장 직접적인 행위입니다. 제가 진료실에서 레이저를 쏘는 순간은, 단순히 점을 빼고 색소를 다루는 시간이 아닙니다. 환자분의 얼굴에 드리워진 삶의 그늘을 걷어내고, 그 안에 숨겨진 본래의 빛을 찾아주는 시간입니다.

영월 어머님은 제게 가르쳐주고 떠나셨습니다. 우리는 죽는 순간까지 아름다울 권리가 있으며, 나를 가꾸는 것은 내 삶에 대한 가장 숭고한 예의라는 것을요. 그 가르침을 가슴에 새기고, 저는 오늘도 진료실에서 누군가의 '가장 아름다운 순간'을 찾아드리기 위해 가운을 입습니다.

03

엄마라는 이름 뒤에
숨겨진 여자의 얼굴

진료실을 찾는 50대, 60대 중년 여성분들에게는 공통적인 특징이 하나 있습니다. 20대 환자들이 "원장님, 저 여기가 고민이에요"라며 거울을 들이밀고 당당하게 요구하는 것과 달리, 이분들은 진료실 의자에 앉는 순간부터 죄인처럼 몸을 움츠립니다. 그리고 아주 조심스럽고 미안한 목소리로 이렇게 묻습니다.

"원장님... 내 나이에 이런 거 한다고 주책은 아닐까요?"
"그냥 생긴 대로 살아야 하는데, 괜히 돈 쓰는 거 아닌가 모르겠어요.”

그 쭈뼛거림이 제 마음을 쿡 찌릅니다. 평생 가족을 위해, 자식을 위해 쓰는 큰돈에는 익숙해지셨으면서, 정작 자신을 위해 쓰는 돈 앞에서는 왜 이토록 작아지는 걸까요. 그 죄책감 어린 표정을 볼 때마다 저는 가슴 한구석이 먹먹해집니다.

그중에서도 유독 제 기억에 깊이 박힌 한 분이 계십니다. 50대 중반의, 아주 선한 인상을 가진 어머님이셨습니다. 자녀분들이 주신 200만 원을 들고 오셨다고 했습니다. 그런데 진료실에 들어오신 그분은 기쁨보다는 근심이 가득한 얼굴로 손에 쥔 카드를 만지작거리고 계셨습니다.

피부를 살펴보니, 단순히 노화로 인한 주름이 아니었습니다. 거친 비바람을 맨몸으로 받아낸 듯한, 고단한 세월이 켜켜이 쌓인 피부였습니다. 깊게 패인 미간 주름은 오랫동안 홀로 무언가를 감내하고 버텨온 사람만이 가질 수 있는 ‘인내의 훈장’ 같았습니다.

“어머님, 자녀분들이 효자네요. 예뻐지시라고 큰 선물 하셨는데, 기분 좋게 받으시지 그러세요.”

제가 분위기를 풀어보려 건넨 말에, 그분은 옅은 한숨을 쉬며 입을 여셨습니다. “선생님, 사실 제가 남편을 일찍 보냈어요. 사고로 그이 보내고... 그때 애들이 초등학생, 유치원생이었거든요. 눈앞이 캄캄했죠."

젊은 나이에 혼자가 된 여자가, 험한 세상에서 아이 둘을 키워내기 위해 얼마나 억척스러워져야 했는지 굳이 설명하지 않아도 알 수 있었습니다. 아빠의 빈자리를 채우기 위해 그분은 엄마이자 아빠, 그리고 가장이어야 했을 겁니다. 아이들 도시락 반찬 하나라도 더 챙기느라 본인 얼굴에 로션 바를 시간은 사치였을 테고, 거울 볼 시간에 일터로 나가야 했을 겁니다. 그렇게 20년이 흘렀습니다.

"정신 차려보니 애들은 다 커서 제 몫을 하고 있고, 저도 이제 한숨 돌리나 싶었는데... 어느 날 문득 화장대 거울을 봤는데 웬 낯선 여자가 앉아 있더라고요. 내가 내 얼굴을 잊고 살았구나... 그게 참 서글펐어요."

그분은 눈가를 훔치며 말씀을 이으셨습니다. "그런데 이번에 애들이 돈을 모아서 엄마도 이제 여자로 살아보라고, 예쁘게 하고 다니라고 하는데... 이 돈이면 애들 맛있는 거나 더 사줄 텐데 싶어서..."

자식들 입에 들어가는 건 아깝지 않아도, 정작 내 얼굴에 바르는 로션 하나는 손을 떨며 아끼셨을 그 마음. 그 떨리는 목소리 뒤에 숨겨진 지난 세월의 무게가 제 가슴을 짓눌렀습니다. 저 역시 홀로 가정을 지키며 '나'를 지우고 살았던 시간이 있었기에, 어머님의 그 망설임이 무엇을 의미하는지 뼈저리게 알 수 있었습니다.

이혼 당시, 텅 빈 집에 들어갈 때마다 느꼈던 그 서늘한 고독을 기억합니다. 아이들을 혼자 책임져야 한다는 중압감에, 내 감정이나 외로움 따위는 사치라 여기며 꾹꾹 눌러 담았던 시간들. 내가 무너지면 우리 집이 무너진다는 생각에, 아파도 아프다고 말하지 못하고 강한 척 버텨야 했던 날들. 이 어머님은 그 무게를 20년 넘게 홀로 견뎌오신 겁니다. 얼굴에 새겨진 그 깊은 주름은 단순한 노화가 아니라, 가정을 지키기 위해 당신의 '꽃다움'을 스스로 지워버린 희생의 흔적이었습니다.

저는 그분의 손을 조용히 잡아드렸습니다. 의사 가운의 소매가 닿은 그분의 손은 거칠었지만 따뜻했습니다.

"어머님, 이건 자녀분들이 드리는 선물이기도 하지만, 어머님이 지난 20년 동안 치열하게 살아내신 것에 대한 보상이에요. 충분히 받으실 자격 있습니다. 아니, 더 받으셔야 해요. 지금 어머님이 예뻐지시는 건 낭비가 아니라, 자녀분들에게 '우리 엄마가 이제야 행복해졌구나' 하는 안도감을 주는 효도입니다."

"효도..." 그 단어에 어머님의 눈빛이 흔들렸습니다.

"네, 엄마가 행복한 게 자식한테는 제일 큰 효도예요. 그러니까 오늘은 '엄마' 이름표 잠깐 떼고, 그냥 오롯이 '○○○님'으로 시술받으세요. 제가 최선을 다해서 그 시절 고왔던 모습, 찾아 드릴게요."

시술을 진행하는 동안, 저는 어느 때보다 신중했습니다. 단순히 주름을 펴고 잡티를 없애는 것이 아니었습니다. 비바람에 깎여나간 그분의 자존감을 복원하고, "나는 이제 늙고 볼품없어"라고 체념해 버린 마음에 다시 생기를 불어넣는 작업이었습니다. 레이저 불빛이 닿을 때마다, 그분이 홀로 삼켰을 외로움과 눈물을 닦아낸다는 마음으로 꼼꼼하게 시술했습니다.

모든 치료 과정이 끝나고, 경과를 보러 오신 날이었습니다. 진료실 문을 열고 들어오시는데, 처음 뵀을 때의 그 주눅 든 모습은 온데간데없었습니다. 화려하지는 않지만 화사한 얼굴과, 머리도 단정하게 빗어 넘긴 그분은 수줍은 듯하면서도 환하게 웃고 계셨습니다.

"원장님, 어제 동창 모임에 갔는데 친구들이 다들 놀라요. 얼굴이 왜 이렇게 폈냐고요. 관리받냐고 묻는 친구도 있더라니까요." 소녀처럼 붉어진 그분의 볼을 보며, 저는 안도했습니다. 200만 원이라는 돈으로 산 것은 탄력 있는 피부가 아니라, 거울을 볼 때마다 "나도 아직 괜찮은 사람이구나"라고 느낄 수 있는 설렘이었습니다.

그분은 나가시면서 제게 넌지시 말씀하셨습니다. "선생님, 고마워요. 사실 피부가 좋아진 것도 좋지만요, 여기서 선생님이랑 이야기하면서... 내가 누군가의 엄마가 아니라 그냥 귀한 대접받는 사람이 된 것 같아서... 그게 참 위로가 됐어요."

그 뒷모습을 배웅하며 저는 생각했습니다. 세상은 어머니의 희생을 숭고하다고 칭송합니다. 하지만 우리가 간과하는 것이 있습니다. 숭고한 희생 뒤에는, 예쁜 옷을 입고 싶고, 고운 피부를 갖고 싶고, 누군가에게 사랑받는 사람이고 싶은 '욕심'을 숨긴 한 인간의 슬픔이 존재한다는 사실을요.

엄마라는 이름은 위대하지만, 그 이름이 당신의 전부는 아닙니다. 가족을 위해 내어준 시간만큼, 이제는 당신 자신을 위해 시간을 쓰셔도 됩니다. 닳아버린 손을 가꾸고, 거울 속의 나를 보며 흐뭇해하는 것은 결코 이기적인 것이 아닙니다. 당신이 먼저 행복해야, 당신이 지켜온 그 가정도 비로소 따뜻한 봄을 맞이할 수 있으니까요.

지금 이 글을 읽고 계신 어머니가 있다면, 혹은 아내를 바라보는 남편분이 계신다면 꼭 말씀드리고 싶습니다. 엄마이기 이전에 사람입니다. 그리고 희생하기 위해 태어난 사람은 없습니다. 오늘만큼은 식탁의 가장 맛있는 반찬을 그분의 밥그릇에 먼저 올려주세요. 그리고 거울을 보며 말해주세요.

"고생했어. 그리고 당신, 여전히 참 곱다."

04

당신의 불안은
그 작은 점에 있지 않습니다

진료실이라는 공간은 참으로 기묘한 시간의 상대성이 흐르는 곳입니다. 어떤 환자에게는 1년이 넘게 걸리는 흉터 치료가 그저 덤덤한 일상의 루틴이 되기도 하고, 어떤 환자에게는 단 몇 분이면 끝나는 시술이 인생을 건 5시간처럼 길고 고통스럽게 느껴지기도 합니다. 특히 취업 면접이나 결혼식, 오디션 같은 인생의 중대사를 코앞에 둔 환자분들을 만날 때, 그 시간의 밀도는 숨이 막힐 정도로 팽팽해집니다.

어느 날, 20대 초반의 앳된 청년이 진료실을 찾았습니다.

말끔하게 정장을 차려입었지만, 무릎 위에 올려진 두 손은 미세하게 떨리고 있었습니다. 대기업 최종 면접을 이틀 앞두고 있다고 했습니다. 그가 저에게 내민 고민은 얼굴 한가운데에 있는 작은 점 하나였습니다. "원장님, 이 점 때문에 인상이 좀 흐릿해 보이는 것 같아서요. 면접관님들이 보기에 관상이 안 좋아 보일 수도 있고... 이거 오늘 당장 뺄 수 있을까요?"

흔히들 점 빼는 것을 레이저로 '지직' 태우면 그만인, 5분도 채 걸리지 않는 가벼운 시술로 여깁니다. 하지만 실상은 전혀 다릅니다. 점은 피부의 깊이를 정확히 계산해 깎아내지 않으면 평생 지워지지 않는 흉터를 남길 수 있기에, 그 어떤 시술보다 섬세하고 정교한 손길이 필요한 작업입니다. 그래서 저는 그 청년의 얼굴을 찬찬히 뜯어보다가 고개를 저었습니다. "지금은 안 됩니다. 면접 끝나고 오세요."

청년의 눈이 동그랗게 커졌습니다. 당장이라도 울 것 같은 표정으로 왜 안 되냐고 물으셨습니다. 저는 차분하게 이유를 설명했습니다. "점을 빼면 피부가 회복되는 시간이 필요해요. 딱지가 앉을 수도 있고, 재생 테이프를 붙여야 할 수도 있습니다. 면접장에 테이프를 붙이고 들어가는 게 더 시선을 끌지 않을까요? 그리고 지금 점을 뺀다고 해서 면접 결과가 극적으로 바뀌지는 않을 것 같아요. 오히려 회복이 덜 된 상처가 본인의 신경을 더 쓰이게 만들 겁니다.”

사실 제가 그를 돌려보낸 진짜 이유는 따로 있었습니다. 그 청년의 불안은 그 작은 점 하나에 있는 것이 아니었기 때문입니다.

중요한 일을 앞두고 병원을 찾는 분들의 심리를 들여다보면, 일종의 ‘불안의 전가’가 작동하고 있음을 보게 됩니다. 스스로 준비가 부족하다고 느끼거나 결과에 대한 확신이 없을 때, 사람들은 그 막연하고 거대한 두려움을 투영할 구체적인 대상을 찾습니다. ‘내가 면접에 떨어지면 어떡하지? 내 실력이 부족한 건 아닐까?’라는 본질적인 공포는 당장 내가 어찌할 수 없는 영역입니다. 너무 크고 무겁죠. 그래서 우리 마음은 무의식적으로 그 불안의 원인을 ‘해결 가능한 아주 작은 대상’으로 돌려버립니다. 그것이 바로 눈 밑의 작은 기미나, 콧등의 미세한 점이 되는 것입니다.

“이 점만 빼면 인상이 좋아질 거야. 그러면 합격할 수 있을 거야.” 청년은 자신의 불안을 ‘점’이라는 작은 존재에 가두고, 그것을 제거함으로써 거대한 불안까지 없앨 수 있다고 믿고 싶었던 것입니다. 일종의 부적 같은 심리였던 셈이지요.

비슷한 사례로 기억에 남는 한 여성 환자분이 있습니다. 스물두 살, 배우를 꿈꾸는 지망생이었습니다. 그녀의 눈가에는 꽤 매력적인 미인 점이 하나 있었습니다. 제가 보기에는 그 점이 그녀만의 분위기를 만들어주는 포인트였는데, 그녀는 그 점을 죽도록 싫어했습니다. "오디션 볼 때마다 떨어지는 게 다 이 점 때문인 것 같아요. 심사위원들이 제 연기는 안 보고 이 점만 보는 것 같거든요. 제발 좀 빼주세요."

그래서 저는 그녀를 설득했습니다. "이건 흉터가 아니에요. 배우로서 당신을 기억하게 만들 수 있는 아주 예쁜 매력 포인트입니다. 이걸 없애면 당신이 가진 고유한 매력이 마이너스가 될 수도 있어요." 하지만 그녀의 귀에는 제 말이 들리지 않았습니다. 반복되는 탈락의 원인을 자신의 연기력이 아닌, 눈가의 점으로 돌려야만 스스로를 지킬 수 있었던 방어기제가 작동하고 있었기 때문입니다.

하지만 저는 결국 점을 빼는 시술 대신, 꽤 오랜 시간 그녀와 마주 앉아 '마음의 처방'을 내렸습니다. 단순히 듣기 좋은 칭찬을 건넨 것이 아닙니다. 거울을 함께 보며 의학적이고 미학적인 관점에서 그녀의 이목구비가 얼마나 조화로운지, 그녀가 단점이라 여기는 그 부분이 사실은 전체적인 밸런스에서 어떤 중요한 역할을 하고 있는지 조목조목 분석해 주었습니다.

환자분들은 참 신기합니다. 주변에서 친구들이 백 번 "예쁘다"고 말해줘도 믿지 않다가, 하얀 가운을 입은 의사가 진지한 표정으로 "이건 의학적으로 봐도 당신만의 훌륭한 강점입니다"라고 확언해 주면 그제야 비로소 안도의 숨을 내쉽니다. 전문가의 확신에 찬 한마디가 환자의 불안을 잠재우는 가장 강력한 진정제임을 알기에, 저는 때로는 시술보다 더 집요하게 그분들이 미처 발견하지 못한 장점들을 찾아내어 '증명'해 보이려 노력합니다.

그렇게 몇 달 뒤, 그녀가 밝은 얼굴로 다시 찾아왔습니다. 오디션에 합격했다는 소식이었습니다. "원장님, 저 붙었어요! 근데 신기한 게요, 합격하고 나니까 이 점이 아무렇지도 않게 보여요. 오히려 이제는 점이 매력적이라고 해주더라고요."

그때 제가 웃으며 말했습니다. "거봐요. 그 점은 원래부터 예뻤어요. 마음이 불안해서 미워 보였던 것뿐이죠."

이처럼 우리는 종종 내면의 불안을 외모의 탓으로 돌리곤 합니다. 저는 피부 미용을 맡고 있는 의사로서 환자분들에게 일종의 '영점 조절'을 해드리는 것이 제 역할이라고 생각합니다. 사격에서 총의 영점이 맞지 않으면 아무리 조준을 잘해도 총알은 빗나갑니다. 자존감이 낮은 환자분들은 마음의 영점이 틀어져 있는 상태입니다. 거울을 볼 때 전체적인 조화나 자신의 장점은 보지 못하고, 아주 작은 결점 하나, 일종의 오차에만 집착하여 그것을 100배 확대해서 봅니다. "제 얼굴은 다 엉망이에요." 아닙니다. 99곳은 멀쩡하고 아름다운데, 단 1곳의 트러블 때문에 스스로를 엉망이라고 단정 짓는 것입니다.

그래서 저는 시술보다 '말'로 영점을 잡아드리는 데 더 많은 시간을 씁니다. "환자분, 피붓결이 정말 고우시네요. 이 정도 트러블은 남들 눈에는 보이지도 않아요. 지금 충분히 예쁘고, 잘하고 계십니다." 의사의 입을 통해 듣는 "괜찮다", "예쁘다"는 확신은, 때로는 고가의 레이저보다 훨씬 강력한 치료 효과를 발휘합니다. 틀어진 영점이 잡히면, 환자는 비로소 거울 속의 자신을 객관적으로, 아니 애정 어린 시선으로 바라보게 됩니다.

물론, 환자의 간절함이 저를 움직이게 만드는 경우도 있습니다. 아이돌 데뷔를 앞둔 연습생 친구들이 종종 찾아옵니다. 화려한 조명 아래서 춤을 추고 노래를 해야 하는데, 과도한 스트레스와 다이어트로 인해 피부가 엉망이 되어 오는 경우가 많습니다. 당장 다음 주가 방송 데뷔라거나, 내일이 쇼케이스라며 울상으로 찾아오는 그들을 보면, 저 역시 마음이 타들어 갑니다.

의학적으로 트러블 치료에는 시간이 필요합니다. 염증을 가라앉히고, 압출하고, 진정시키는 과정은 하루아침에 이루어지지 않습니다. 하지만 그들에게는 '시간'이 없습니다. 그럴 때면 저도 모르게 속으로 기도를 하게 됩니다. '제발, 빨리 좋아져라. 이 친구가 흘린 땀방울이 피부 때문에 가려지지 않게 해 주세요.'

레이저를 쏘는 제 손끝에도 그 간절함이 들어갑니다. 기계적인 매뉴얼대로 쏘는 것이 아니라, 이 친구의 컨디션, 피부 두께, 회복 속도까지 고려해서 미세하게 강도를 조절합니다. 그리고 시술이 끝나면 저는 의사라기보다 걱정 많은 잔소리꾼이 되어 당부를 건넵니다.

"비타민은 꼬박꼬박 챙겨 드셨나요? 잠은 충분히 주무시고요? 물도 수시로 마셔야 합니다. 제가 아무리 공들여서 레이저를 쏴드려도, 환자분의 생활 리듬이 무너져 있으면 효과는 반감될 수밖에 없어요. 꿈꾸던 무대에서 가장 빛나려면 피부 컨디션도 실력이니까, 귀찮더라도 저랑 약속한 숙제들은 꼭 지켜주셔야 합니다."

예전에 한 연예인 담당자분께서 저에게 이런 말씀을 하신 적이 있습니다. "원장님, 참 신기해요. 저희가 유명하다는 병원들 다 다녀봤거든요. 장비도 똑같고, 시술 이름도 똑같은데, 왜 원장님한테 받으면 결과가 더 좋은 걸까요?"

그때 제가 멋쩍게 웃으며 대답했습니다. "마음입니다."

너무 낭만적인 대답처럼 들릴지 모르겠지만, 저는 그것이 사실이라고 믿습니다. 의사가 기계적으로 레이저 시술을 대하는 것과, '이 친구의 꿈이 이루어졌으면 좋겠다'는 간절한 마음을 담아 시술하는 것은 분명 다릅니다. 환자는 예민한 존재입니다. 의사가 나를 '돈'으로 보는지, '케이스'로 보는지, 아니면 '자신의 꿈을 응원하는 동반자'로 보는지를 본능적으로 느낍니다. 라포가 형성되면 치료 효과가 좋아진다는 것은 단순한 심리학 이론이 아닙니다. 환자가 의사를 믿으면, 의사의 잔소리를 따르게 됩니다. 늦게까지 연습하느라 피곤해도 의사 선생님 얼굴을 떠올리며 억지로라도 잠을 청하고, 기름진 야식 앞에서도 참아냅니다. 그 합작품이 결국 '좋은 결과'로 나타나는 것입니다.

05

가장 완벽한 치료는
사실 사랑받고 있다는 확신입니다

매번 분주한 진료실이지만, 진료실이 특히 분주해지는 시즌 중 하나는, 벚꽃이 피는 봄과 낙엽이 지는 가을, 바로 웨딩 시즌입니다. '5월의 신부' 혹은 '10월의 신부'라는 아름다운 타이틀을 얻기 위해 결혼식을 한두 달 앞둔 예비 신부님들이 병원을 찾으십니다.

인생에서 가장 행복해야 할 시기이기에 그분들의 얼굴에 설렘과 기대가 가득할 것이라 짐작하시겠지만, 실제 진료실 풍경은 사뭇 다릅니다. 문을 열고 들어오는 예비 신부님들의 눈빛은 설렘보다는 초조함과 불안이 차 있는 경우가 훨씬 많습니다. 수백 명의 하객과 카메라 조명 앞에 서야 한다는 압박감, 그리고 인생의 한 번뿐인 날에 세상에서 가장 완벽한 모습이어야 한다는 강박이 그녀들을 일종의 '정서적인 감옥'에 가둬두기 때문입니다.

그중에서도 기억에 남는 한 분이 계십니다. 예식 날짜를 딱 한 달 남겨두고 오신 예비 신부님이었습니다. 진료실 의자에 앉자마자 고민을 쏟아내셨습니다. "원장님, 저 코 옆에 있는 점도 빼고 싶고요. 아, 그리고 입술 필러도 맞으면 좀 세련돼 보이겠죠? 인생에 한 번뿐인 날인데 그래도 제일 예뻐야 하잖아요."

그렇게 이어진 예비 신부님의 리스트들을 받다 보니, 그녀는 마치 자신의 얼굴을 전면 재건축하려는 사람처럼 비장했습니다. 남들이 좋다고 하는 시술들을 자신의 얼굴에 전부 쏟아부으려 하고 있었죠. 그녀의 말 속도와 표정, 그것들을 바탕으로 고심하셨을 시간들을 들춰 보니, 결혼이라는 거대한 변화를 앞둔 사람의 스트레스가 은은하게 느껴졌습니다.

의사인 제 입장에서 그녀의 요구를 들어주는 것은 기술적으로 그리 어려운 일이 아닙니다. 점을 레이저로 태우고 이런

저런 시술을 해드리는 것은 제가 매일 하는 일이니까요. 병원의 매출을 생각한다면 견적을 많이 내는 것이 이득일 수도 있습니다. 하지만 저는 차트를 덮고 펜을 내려놓은 뒤, 그녀의 불안한 눈동자를 똑바로 바라보며 조용히 물었습니다. "신부님, 의학적인 상담 전에 한 가지 여쭤보고 싶은 게 있습니다. 신랑분이 신부님의 얼굴 중에 어디가 좋아서 결혼을 결심하셨다고 하던가요?"

갑작스러운 질문에 그녀는 시술 상담이 아님을 의아해하며 잠시 멍하니 저를 쳐다보았습니다. 그러다 이내 긴장이 조금 풀린 듯 수줍게 웃으며 대답했습니다. "글쎄요... 제가 웃을 때 코 옆에 점이 찡그려지는 게 귀엽다고 했어요. 그리고 제가 좀 털털하게 입을 크게 벌리고 웃는 편인데, 그 꾸밈없는 모습이 편안하고 좋대요."

그 대답을 듣는 순간, 그녀의 얼굴에서 방금 전까지 보였던 날 선 예민함이 사라지고 몽글몽글한 생기가 피어오르는 것을 저는 목격했습니다. 저는 웃으며 말했습니다. "그것 보세요, 신부님. 신랑분은 지금 신부님의 그 점이, 그리고 그 자연스러운 미소가 좋아서 평생을 약속한 겁니다. 그분에게 신부님은 이미 완성된 사람입니다. 그런데 점도 없고 눈도 턱도 뾰족한, 전혀 다른 얼굴의 여자가 서 있다면 신랑분이 얼마나 당황하실까요. 우리가 누군가를 사랑할 때 외모가 차지하는 비중은 생각보다 아주 짧고 얕습니다. 뇌과학적으로도 시각적인 매력에 반응하는 도파민의 유효기간은 길어야 3년이라고 합니다. 처음에는 예쁜 눈, 오뚝한 코에 반했을지 몰라도 결국 사랑을 지속시키는 힘은 그 사람이 가진 고유의 분위기와 나를 향해 지어주는 따뜻한 표정, 그리고 서로가 공유하는 정서적 안정감에서 나옵니다.”

저는 덧붙였습니다. “신부님, 지금 무리하게 얼굴을 바꾸면 붓기와 멍 때문에 예식 당일에 부자연스러울 수 있어요. 가장 예뻐야 할 날에 가장 어색한 얼굴이 될 수도 있다는 뜻입니다. 대신 피붓결만 매끄럽게 정돈해서 신랑분이 사랑에 빠졌던 그 미소가 더 환하게 빛나도록 해드릴게요. 저를 믿고, 신랑분의 눈을 믿으세요.”

결국 신부님은 저의 만류에 고개를 끄덕였고, 무리한 시술 대신 기본적인 관리만 받고 돌아갔습니다. 그리고 몇 달 뒤, 신부님에게서 한 통의 메시지가 도착했습니다. 사진 속 신부님은 입을 크게 벌리고 세상에서 가장 환하게 웃고 있었습니다. 신부님이 바라고 찾아왔던 막연한 이상적인 아름다움과는 차이가 있었겠지만, 제 눈에 신부님은 어떤 연예인보다 아름다워 보였습니다. 왜냐하면 신부님을 바라보는 신랑분의 눈에서 꿀이 뚝뚝 떨어지고 있었기 때문입니다. 사랑받는 사람만이 뿜어낼 수 있는 그 충만한 자신감과 여유, 그것이 그녀의 얼굴을 웨딩홀의 화려한 조명보다 더 밝게 비추고 있었습니다.

저는 그때 다시 한번 확신했습니다. 사람이 가장 아름다워 보이는 순간은 이런저런 시술로 한껏 치장한 상태가 아닙니다. 바로 '내가 이 사람에게, 누군가에게 깊이 사랑받고 있구나'라는 확신이 얼굴에 번질 때입니다.

우리는 늘 스스로를 사랑하라, 즉 자존감을 가지라고 말합니다. 물론 중요합니다. 하지만 우리는 사회적인 동물입니다. 때로는 타인의 사랑이 내 안에 들어와 나를 변화시키기도 합니다. 사랑받고 있다는 확신은 푹 꺼진 볼을 채우는 필러보다 더 생기 있게 얼굴을 채워주고, 강력하게 미소를 끌어올립니다.

의학적으로도 이는 근거가 있습니다. 사랑을 받고 있다는 안도감을 느낄 때 우리 뇌에서는 옥시토신과 세로토닌 같은 호르몬이 분비됩니다. 이 호르몬들은 스트레스 호르몬인 코르

티솔 수치를 낮춰 혈액순환을 돕고 피부 장벽을 튼튼하게 하며 안색을 맑게 만듭니다. 반대로 사랑받지 못한다는 불안감이나 버림받을지 모른다는 공포는 우리 몸을 긴장시켜 미간에 주름을 만들고 피부를 칙칙하게 합니다. 즉 사랑은 마음만 따뜻하게 하는 것이 아니라 실제로 피부를 예쁘게 만드는 가장 강력한 생체 약물인 셈입니다.

많은 분이 연애를 하거나 결혼을 앞두고 상대방의 마음에 들기 위해, 혹은 사랑이 식을까 봐 두려워하며 외모를 가꿉니다. '내 눈이 작아서 그 사람이 실망하면 어쩌지? 내 피부가 나빠져서 그 사람이 떠나면 어쩌지?' 이런 불안이 시술 중독을 부르기도 합니다. 하지만 기억하세요. 당신을 진정으로 사랑하는 사람은 당신의 모공이나 피부만을 바라보고 있지 않습니다. 그들은 당신이라는 사람의 영혼을 보고, 짓는 표정을 사랑하며, 함께하는 시간을 소중히 여깁니다. 만약 외모가 조금 변했다고 해서 떠날 사랑이라면, 그것은 당신의 얼굴 문제가 아니라 애초에 그 사랑의 깊이가 얕았을 뿐입니다.

그러니 불안한 마음에 거울을 보며 내 단점을 찾지 마십시오. 대신 당신을 바라보는 사랑하는 사람의 그 다정한 눈빛을 거울삼아 자신을 바라보십시오. 그 사람의 눈동자에 비친 당신은 이미 충분히 완벽합니다. 당신의 콤플렉스라고 생각했던 주근깨가 그에게는 별자리처럼 보일 수 있고, 싫어했던 덧니가 그에게는 귀여움의 상징일 수 있습니다. 타인의 사랑을 있는 그대로 받아들이고 그 사랑 안에서 편안해지는 것. 그것이야말로 당신의 얼굴에서 그늘을 걷어내고 가장 빛나게 해 줄 최고의 뷰티 솔루션입니다.

가장 완벽한 성형은 뼈를 깎는 수술이 아닙니다. 서로 사랑하고 사랑받는 관계 그 자체입니다. 사랑받고 있다는 확신. 그것이야말로 그 어떤 명품 화장품이나 시술로도 흉내 낼 수 없는, 세상에서 가장 완벽하고 부작용 없는 치료제입니다. 오늘 밤 거울 속의 나를 점검하기보다 내 곁에 있는 사람의 손을 한 번 더 잡으십시오. 그리고 그 사람의 눈을 통해 당신만의 진짜 얼굴을 확인하시길 바랍니다.

"이제 오지 마세요",
그 한마디를 건네는 이유

진료실의 하루는 수많은 감정의 파도가 넘실거리는 바다와도 같습니다. 그중에서도 저를 가장 깊은 생각에 잠기게 만드는 순간은, 길고 큰 치료를 성공적으로 마쳤을 때가 아니라, 오히려 너무나 사소하고 일상적인 시술을 마친 직후에 찾아옵니다.

가끔은 제가 민망할 정도로 과하게 고마워하며 눈시울을 붉히는 환자분들이 계시거든요. 손에는 수줍게 건네는 비타민 음료 한 병이나, 직접 쓴 손 편지가 들려 있곤 합니다. 그분들이 받은 시술은 거창한 것이 아닙니다. 의학적으로 보면 시술 시간이 5분도 채 걸리지 않는, 아주 간단한 보톡스 주사일 뿐입니다. 하지만 저는 그 짧은 5분의 시간을 결코 가볍게 여기지 않습니다. 바늘이 피부에 닿기 전, 저는 반드시 환자분과 눈을 맞추고 요청합니다.

"환자분, 거울 한번 보시겠어요? 자, 저를 보고 한번 활짝 웃어보세요. 이번에는 미간을 찌푸려보세요. 아, 환자분은 오른쪽 눈가 근육을 왼쪽보다 훨씬 많이 쓰시는군요. 표정을 지을 때 습관적으로 이쪽이 더 올라가요. 그러니 오른쪽은 조금 더 잡아드리고, 왼쪽은 아주 자연스럽게 남겨드릴게요. 그래야 웃을 때 어색하지 않거든요."

그 짧은 대화와 진단, 그리고 섬세하게 근육의 움직임을 관찰하여 주사를 놓는 과정이 끝나면, 환자분들은 마치 기적이라도 경험한 듯 감동 어린 표정을 짓습니다. "원장님, 제가 지금까지 병원들도 많이 다녀보고 유명하다는 곳도 대부분 가봤는데요. 이렇게 제 얼굴 근육 하나하나를 다 봐주면서 놔주는 곳은 처음이에요. 다들 그냥 눕자마자 기계처럼 시술하고 나가버리던데… 여기서는 진짜 사람 대우를 받는 기분이에요. 정말 감사합니다."

그 떨리는 목소리를 들을 때마다, 의사로서의 뿌듯함보다는 오히려 죄송하고 미안한 마음이 앞섭니다. 도대체 이 환자분들은 그동안 얼마나 많이 '사람'이 아닌 '상품' 취급을 받아왔던 것일까요? 내 돈을 내고 정당한 의료 서비스를 받으면서도, 자신의 얼굴을 들여다봐 주는 이 지극히 당연한 작은 배려에 왜 눈물겨워해야 하는 것일까요. 그것은 아마도 우리 사회가, 그리고 효율성만을 쫓는 의료 현장이 '속도'와 '매출'이라는 핑계로 한 사람 한 사람이 가진 고유함을 지워버리고 있었기 때문일 것입니다. 컨베이어 벨트 위를 지나가는 공산품처럼, 환자를 빨리 처리해야 할 업무 대상으로만 바라보는 시선들이 그들의 마음에 보이지 않는 생채기를 냈던 것입니다.

저는 확신합니다. 병원은 결코 '백화점'이 되어서는 안 됩니다. 백화점은 고객이 더 많은 물건을 사고, 더 오래 머물도록 유도하는 곳입니다. 안타깝게도 많은 병원들이 이 논리를 따릅니다. 환자가 문을 나설 때 "다음에 또 오세요", "이번에 패키지로 끊으시면 더 저렴합니다"라며 재방문을 유도합니다. 마치 물건을 팔듯이 말이죠. 하지만 저는 치료가 성공적으로 끝난 환자분들에게, 혹은 더 이상의 시술이 무의미할 정도로 상태가 호전된 분들에게 늘 이렇게 말합니다.

"환자분, 이제 오지 마세요."

그러면 대다수의 환자분들이 눈을 동그랗게 뜨고 저를 쳐다봅니다. 그러면 저는 웃으며 덧붙입니다. "피부가 너무 좋아지셨어요. 이제 병원에 쓸 돈과 시간으로 맛있는 거 사 드시고, 예쁜 옷 사 입으시고, 좋은 곳으로 여행 가세요. 이런 진료실에서 저랑 마주 보고 있지 말고, 나가서 그 예쁜 얼굴을 세상에 자랑하고 다니세요. 그러다가 나~중에, 아주 나중에, 세월이 흘러서 또 도움이 필요해지면 그때 오세요. 당분간은 우리 만나지 말아요."

사실 여기에는 의사인 저만 아는 속사정이 하나 있습니다. 저는 진료 전날 밤이면 다음날 오실 환자분들의 차트를 미리 꼼꼼히 훑어보는 습관이 있는데요, 가끔 예약 명단을 보다가 가슴이 '철렁' 내려앉을 때가 있습니다. 분명 치료가 성공적으로 끝나서 웃으며 배웅해 드렸던 환자분의 이름이 다시 예약 리스트에 올라와 있을 때입니다. 그 순간부터 온갖 걱정이 꼬리를 물고 이어집니다. '왜 다시 예약하셨지? 다시 올라오셨나? 아니면 뭔가 부작용이 생겼나? 내가 놓친 게 있었나?' 밤새 그 환자분의 이전 기록을 몇 번이고 다시 들여다보며 시뮬레이션을 돌립니다. 혹시 모를 안 좋은 상황에 대비해 마음의 준비를 단단히 하고 긴장 속에 아침을 맞이하죠.

하지만 막상 진료실 문이 열리면, 저의 그 심각한 걱정은 아주 기분 좋은 배신을 당하곤 합니다. 잔뜩 긴장하고 있는 제 앞에 나타난 환자분은 어두운 표정이 아니라, 세상에서 가장 환한 미소를 머금고 들어오십니다. 어디가 아파서, 혹은 문제가 생겨서 온 게 아니라, 단지 저에게 '자랑'하고 싶어서 오신 겁니다. "원장님! 저 얼굴 너무 좋아졌죠? 그냥 이거 보여드리고 싶어서 왔어요! 저 이제 자신감 생겨서 소개팅도 하고요, 평생 안 찍던 셀카도 찍어요! 잘 살고 있다고 신고하러 왔습니다!"

그 해맑은 모습을 보는 순간, 안도의 한숨과 함께 밀려오는 그 짜릿한 희열. 그것은 의사로서 느낄 수 있는 최고의 보상과도 같습니다. 병원은 환자를 묶어두는 곳이 아닙니다. 병원은 환자가 잃어버렸던 일상으로, 더 당당하고 행복한 삶으로 되돌려 보내는 정거장이어야 합니다. 환자의 지갑을 여는 것이 아니라, 환자의 닫힌 마음을 열어 세상 밖으로 내보내는 것. 그것이 의사가 해야 할 진짜 역할이라고 저는 믿습니다.

이 글을 읽고 계신 당신 중에는 치열한 경쟁 속에 놓인 취업 준비생도 있을 것이고, 사회에 첫발을 내디딘 초년생도 있을 것이며, 중요한 면접이나 만남을 앞두고 거울 앞에서 자신의 결점을 찾으며 한숨 쉬는 분들도 계실 겁니다. 그런 당신께 인생의 선배로서, 그리고 수만 명의 얼굴을 들여다본 의사로서 꼭 해드리고 싶은 말이 있습니다.

세상은 점점 더 가혹해지고 있습니다. 외모를 마치 영어 점수나 자격증처럼 하나의 '스펙'으로 요구합니다. 면접장에 들어서는 순간, 나의 눈, 코, 입이 점수화되고 평가받는다는 느낌을 지울 수 없을 겁니다. 그 차가운 현실을 부정하거나, "외모는 중요하지 않다"는 낭만적인 거짓말을 하고 싶지는 않습니다. 하지만 이것 하나만은 기억해 주십시오. 외모는 당신을 표현하는 하나의 유용한 '도구'일 뿐, 결코 당신의 '정체성' 그 자체가 아닙니다.

우리가 수능 점수가 조금 낮다고 해서 인생 전체가 실패한 것이 아니듯, 거울 속의 얼굴에 작은 잡티가 있다고 해서 당신이 얼룩진 것은 아닙니다. 외모는 필요할 때 잘 닦아서 입는 '좋은 정장' 한 벌과 같습니다. 몸에 잘 맞는 근사한 정장을 입으면 자세가 반듯해지고 자신감이 생기죠. 하지만 그 옷이 나라는 사람의 본질을 만드는 것은 아닙니다. 정장을 벗어도 나는 나입니다. 명품 옷을 입었다고 해서 무능한 사람이 유능해지지 않고, 소박한 옷을 입었다고 해서 지혜로운 사람이 어리석어지지 않는 것과 같습니다. 많은 청춘들이 이 우선순위를 착각하곤 합니다. 그래서 정장을 고치는 데에만 온통 신경을 쓰느라, 정작 그 옷을 입고 세상에 나아가야 할 '나'를 단련하는 것을 잊어버리곤 합니다.

당신이 면접관 앞에서 목소리가 떨리는 이유는 눈 밑에 있는 작은 점 때문이 아닙니다. 당신이 오디션에서 떨어진 이유는 콧대가 남들보다 낮아서가 아닙니다. 그것은 핑계일지도 모릅니다. 진짜 집중해야 할 것은 거울 속의 미세한 결점이 아니라, 이 자리에 오기 위해 묵묵히 흘려온 땀방울과 인내의 시간입니다. 독서실의 차가운 공기를 마시며 밤을 새운 기억, 남들이 놀 때 참고 견뎌낸 인내심, 수없는 실패 속에서도 다시 일어선 회복탄력성. 진짜 자존감은 타인의 시선이나 거울 속에서 오는 것이 아니라, 스스로를 속이지 않고 정직하게 노력해 온 그 시간의 두께 속에 존재합니다.

그러니 부디, 그 작은 점 하나에 당신의 거대한 가능성을 가두지 마십시오. 거울을 볼 때마다 결점을 찾으려고 눈을 부릅뜨지 마십시오. 대신 눈동자 속에 담긴 열정을, 피곤하지만 빛나는 생기를 바라봐 주십시오. 당신은 그 점이 있든 없든,

코가 높든 낮든, 이미 그 자체로 충분히 빛나는 사람입니다.

의사인 제가 해드릴 수 있는 가장 확실하고 강력한 처방은, 주사 한 방이 아니라 바로 당신이 그 사실을 믿게 만드는 것입니다. 거울 앞에서 주눅 들어 있는 당신의 등을 두드리며, 저는 확신에 찬 목소리로 말해주고 싶습니다.

"걱정 마세요. 당신의 준비는 이미 끝났습니다. 이제 거울을 그만 보고, 당당하게 문을 열고 나가세요. 세상은 당신의 얼굴이 아니라, 이야기를 기다리고 있습니다."

흉터를 지우고 싶다는 말 뒤에 숨겨진,
기억을 지우고 싶은 마음

하지만 이렇게 당당하게 세상 밖으로 나아가라고 등을 떠밀기엔, 차마 발걸음을 떼지 못하는 분들도 계십니다. 거울 속의 '작은 점' 정도가 아니라, 마음 깊은 곳까지 파고든 '지워지지 않는 낙인' 때문에 스스로 세상과의 문을 걸어 잠근 사람들입니다. 그분들에게 흉터는 단순한 피부 조직의 손상이 아니라, 잊고 싶은 과거이자 지워버리고 싶은 기억의 파편이기 때문입니다. 제가 유독 더 조심스럽게, 그리고 더 간절하게 치료에 임할 수밖에 없는 환자분들의 이야기입니다.

한여름, 30도가 넘는 무더위가 기승을 부리는 날에도 긴팔 셔츠의 소매를 손목 끝까지 꽉 잠그고 진료실을 찾는 분들이 계십니다. 이마에는 땀방울이 송골송골 맺혀 있고, 등 뒤로는 식은땀이 흐르는데도 절대 겉옷을 벗지 않는 사람들. 그분들이 진료실 의자에 앉아 아주 조심스럽게 소매를 걷어 올릴 때, 저는 그 긴 옷 속에 감추어져 있던 '침묵의 비명'들을 마주하곤 합니다.

하얀 팔목 위에 어지럽게 그어진 붉고 흰 선들. 혹은 어리던 시절, 세상에 대한 반항심이나 과시욕으로 깊게 새겨넣었던 거친 문신들. 그것은 단순한 피부 조직의 손상이 아닙니다. 그것은 그들이 지나온 인생의 가장 어두웠던 터널, 차마 말로다 할 수 없었던 고통의 시간들이 몸에 남긴 '기억의 지문'들입니다.

언젠가, 한 학생이 어머님과 함께 찾아왔습니다. 그 학생은 부모님의 이혼 과정을 지켜보며 받은 충격과 방황을 이기지 못해 스스로의 몸에 상처를 냈다고 했습니다. 어머님은 죄책감에 고개를 들지 못했고, 아이는 세상 모든 것과 단절된 사람처럼 무표정하게 앉아 있었습니다. 아이의 팔에 남은 흉터는 생각보다 깊고 날카로웠습니다. 그 상처 하나하나가 아이가 밤새 흘렸을 눈물이고, 누구도 들어주지 않았던 외침이었을 겁니다.

이런 상황들을 마주하면, 저는 흉터를 치료하러 온 환자분들에게, 그 흉터가 언제, 어디서, 어쩌다 생겼는지 꼬치꼬치 캐묻지 않습니다. 의학적인 판단을 위해서는 상처의 깊이나 흉터가 생긴 시기를 아는 것이 도움이 될 수도 있습니다. 하지만 저는 압니다. 팔목에 그어진 그 선명한 선들이, 허벅지에 남은 그 불규칙한 자국들이 무엇을 의미하는지를요. 그것은 단순한 사고의 흔적이 아니라, 그들이 인생에서 가장 견디기 힘들었던 순간, 스스로를 해하면서까지 버텨내야 했던 처절한 생존의 기록임을 의사의 눈은 이미 알고 있습니다.

그런 분들에게 "이거 왜 그랬어요?", "무슨 일 있었어요?"라고 묻는 것은, 간신히 딱지가 앉은 상처를 억지로 뜯어내 피를 보는 것과 다름없습니다. 그 질문은 의학적 문진이 아니라, 그들에게는 잔인한 질문들처럼 느껴질 것입니다. 그들은 지금 지난날의 아픔을 추억하거나 하소연하러 온 것이 아닙니다. 그 지긋지긋한 기억을 지우고, 남들처럼 평범한 반팔을 입고, 남의 시선을 의식하지 않은 채 지하철 손잡이를 잡고 싶어서, 큰 용기를 내어 세상 밖으로 나온 사람들입니다. 굳이 그 아픈 기억을 진료실 안에서 다시 재생할 필요는 없습니다.

그래서 저는 철저하게 '현재'와 '미래'만을 이야기합니다. 환자분이 떨리는 목소리로 "이거… 지워질까요?"라고 물을 때, 저는 담담하면서도 확신에 찬 목소리로 미래를 이야기합니다.

"그럼요. 깨끗해질 수 있습니다. 물론 시간은 좀 걸릴 거예요. 한 번에 지우개로 지우듯 사라지진 않겠지만, 제가 장담합니다. 분명 지금보다 훨씬 좋아질 겁니다. 나중에는 남들이 보면 다쳤던 건지도 모르게 해 드릴게요."

그 순간 환자분의 눈동자가 미세하게 흔들리며 안도의 빛이 스치는 것을 봅니다. 그들에게 필요한 것은 흉터의 깊이에 대한 냉철한 분석이 아니라, "이제 이 지옥 같은 기억에서 벗어날 수 있다"는 희망입니다. 제가 레이저를 쏘는 순간은 단순히 피부를 태우는 시간이 아닙니다. 그들을 괴롭혔던 과거의 시간을 태워 없애고, 그 자리에 새살과 함께 새로운 삶을 채워 넣는 의식과도 같습니다. 그렇기에 저는 묻지 않습니다. 대신 묵묵히 치료할 뿐입니다. 당신의 과거는 이제 과거일 뿐이지만, 당신의 미래는 제가 책임지겠다는 마음으로 말입니다.

하지만 과거와 작별하는 일은 마음뿐만 아니라 육체에도

혹독한 대가를 요구합니다. 마음의 멍을 지우는 게 쉽지 않듯, 몸에 깊이 새겨진 흔적을 없애는 일 또한 뼈를 깎는 듯한 고통을 동반하기 때문입니다. 흉터나 문신을 지우는 레이저 시술은 생각보다 꽤 큰 통증을 동반합니다. 피부 깊숙이 박힌 색소를 잘게 부수고, 엉겨 붙은 섬유 조직을 끊어내는 과정은 살을 태우는 듯한 뜨거움과 따가움을 유발합니다. 보통의 미용 시술 환자분들은 "원장님, 너무 아파요", "잠깐만 쉬었다 해요"라며 말씀하시기도 합니다. 그런데 참 이상하게도, 흉터나 문신을 지우러 오신 분들은 그 끔찍한 통증을 묵묵히 견뎌냅니다. 레이저가 피부를 타격할 때마다 몸이 움찔거리는데도, 입술을 꽉 깨물고 비명 한 번 지르지 않습니다. "많이 아프시죠? 잠깐 쉴까요?"라고 물어도, 그저 고개를 가로저으며 "괜찮습니다, 계속해주세요"라고 말합니다.

보안경 사이로 흐르는 눈물을 닦아내지도 않고 그 고통을 오롯이 감내하는 그분들을 볼 때면, 저는 시술기 잡은 손이 무거워짐을 느낍니다. 그 침묵 속에는 수많은 감정이 뒤섞여 있습니다. 그 시절, 스스로를 아끼지 못했던 자신에 대한 후회, 부모님에 대한 미안함, 그리고 이제는 이 지긋지긋한 과거와 작별하고 싶다는 처절한 의지 같은 것들 말이죠. 그분들에게

이 육체적 고통은, 어쩌면 과거의 자신을 용서하고 씻어내는 일종의 통과의례나 속죄 같은 것일지도 모르겠습니다.

어떤 분들은 치료가 끝난 후, 흉터가 위치한 자리를 보며 자조적으로 고백합니다. "제가 그때는 너무 어렸고, 마음이 약해서 그랬나 봐요. 참 바보 같았죠."

하지만 저는 그렇게 생각하지 않습니다. "아닙니다. 환자분은 약한 게 아니에요. 오히려 누구보다 강한 분입니다. 자신의 치부일 수 있는 상처를 직면하고, 그것을 지우기 위해 용기를 내어 병원 문을 두드린 것 자체가 이미 마음의 심지가 단단해졌다는 증거니까요. 환자분은 과거에 머물러 있지 않고, 인생의 다음 챕터로 넘어가기 위해 지금 최선을 다하고 있는 겁니다."

흉터를 지운다는 것은 단순히 피부를 재생시키는 것이 아닙니다. 인생의 책장에서 찢어버리고 싶었던 아픈 페이지를 넘기고, 새로운 백지를 펼치는 행위입니다. 긴 치료 끝에 흉터가 희미해지고, 문신이 지워졌을 때 환자분들은 비로소 옅은 미소를 지으며 말합니다. "원장님, 이제야 새 출발을 할 수 있을 것 같아요. 이제 여름에 반팔을 입을 수 있겠어요."

그 말을 들을 때 저는 기쁨보다는 경건함을 느낍니다. 제가 한 일은 그저 기계를 조작한 것뿐이지만, 그 고통스러운 시간을 견디며 과거를 털어낸 것은 환자분 자신의 의지였으니까요. 그래서 저는 박수를 치며 "축하합니다, 제가 잘 치료했죠?"라고 생색을 내는 대신, 조용히 고개를 숙여 그분의 앞날을 응원합니다. "그동안 정말 고생 많으셨습니다. 이제는 뒤돌아보지 말고, 앞으로만 가세요."

저에게도 시술로는 절대 지울 수 없는, 보이지 않는 흉터가 하나 있습니다. 앞선 장에서 잠시 꺼내 놓았던 이혼의 아픔입니다. 의사로서 남부러울 것 없이 성공 가도를 달리고 있다고 생각했던 순간, 제 인생은 예고도 없이 벼랑 끝으로 추락했습니다. 가정이 해체되고, 눈에 넣어도 아프지 않을 아이들을 2년 간 볼 수 없게 되었을 때, 저를 덮친 것은 뼛속까지 스며드는 우울감과 상실감이었습니다. 아이들이 쓰던 방, 덩그러니 놓인 장난감을 보며 매일 밤 자책했습니다. '나는 왜 이렇게 되었을까. 어디서부터 잘못된 걸까. 의사면 뭐 하나, 나는 결국 인생에서 실패한 인간인데.' 할 수만 있다면 제 머릿속에 있는 그 2년의 기억을 레이저로 모조리 태워서라도 없애버리고 싶었습니다. 하지만 마음의 흉터는 피부의 흉터처럼 듀오덤을 붙인다고 낫는 게 아니더군요.

그 끝을 알 수 없는 암흑 같은 시기를 버티게 해 준 것은, 역설적이게도 제 인생에서 가장 가난하고 치열했던 시절의 기억들이었습니다. 가진 것 하나 없이 좁은 독서실 방에서 미래를 꿈꾸던 시절, 배수의 진을 치고 1분 1초를 아껴가며 공부했던 그 독기 어린 시간들이 주마등처럼 스쳐 지나갔습니다. 그때 저는 스스로에게 이렇게 되뇌었습니다. '상욱아, 너 그때도 빈손이었지만 결국 해냈잖아. 아무런 배경도 없이 오직 실력 하나로 여기까지 왔잖아. 지금이 바닥이라면, 이제 다시 올라갈 일만 남은 거야. 나는 그때보다 더 많은 경험을 했고, 더 많은 사람을 얻었고, 무엇보다 아픔이 뭔지 아는 더 단단한 사람이 되었어.'

과거의 제가 현재의 무너진 저를 구원한 것입니다. 흉터를 치료하러 오시는 환자분들도 마찬가지일 겁니다. 팔목에, 허벅지에 남은 그 상처들이 지금 당장은 나의 실패이자 지우고 싶은 나약함의 증거처럼 보일지 모릅니다. 하지만 훗날 이 시기를 무사히 건너고 나면 알게 될 것입니다. 그 상처를 딛고 일어선 경험이, 훗날 인생에서 또 다른 시련의 파도가 닥쳤을 때 나를 지탱해 주는 가장 단단한 '마음의 굳은살'이 되어준다는 것을요.

의학적으로도 상처가 치유되는 과정에서 생기는 '새살'은 원래의 피부보다 질기고 단단합니다. 우리네 인생도 그렇습니다. 상처 없는 매끈한 삶보다, 찢어지고 다시 붙은 흉터 투성이의 삶이 더 강한 인장력을 가집니다.

(08)

당신의 흉터는 깨진 도자기가 아닙니다
: 킨츠기의 미학

물론 제가 이렇게 제 치부를 드러내며 말씀드려도, 거울 속의 선명한 흉터를 마주하는 분들은 쉽게 납득하지 못하실 수 있습니다. 마음의 흉터야 굳은살이 된다 쳐도 눈에 보이는 피부의 흉터는 그저 보기 싫은 오점이 아니냐고 반문하실지도 모릅니다. 맞습니다. 상처를 아름다움으로 승화시킨다는 것은 말처럼 쉬운 일이 아닙니다.

하지만 상처를 덮어버리거나 지워야 할 대상이 아니라, 고유한 역사로 받아들이는 이 태도는 저 혼자만의 억지스러운 철학이 아닙니다. 실제로 예술의 영역에서는 오래전부터 이러한 상처를 숭고한 아름다움으로 인정해 온 역사가 있습니다. 저는 당신에게 제가 가장 아끼는, 그리고 제 진료 철학의 근간이 된 하나의 예술 기법을 소개해 드리고 싶습니다.

일본에서 유래한 도자기 수리 기법으로 '킨츠기(金継ぎ)'라는 독특한 철학이 있습니다. 킨츠기는 깨진 도자기를 버리는 것이 아니라 깨진 틈을 옻으로 이어 붙이고 그 위에 금가루나 은가루를 입혀 장식하는 기술입니다. 보통 우리는 물건이 깨지면 가치가 떨어졌다고 생각하고 버립니다. 하지만 킨츠기 장인들은 깨진 흔적을 감추려 하지 않습니다. 오히려 그 갈라진 금을 더 화려하게 드러냅니다. 이 도자기는 깨졌던 역사가 있기에, 그리고 그것을 다시 이어 붙인 시간이 있기에 세상에 단 하나뿐인 고유한 예술품이 된다는 믿음 때문입니다. 상처를 입고 그것을 이겨낸 과정 자체가 예술이 되는 것입니다.

저는 진료를 하면서 우리 몸에 남은 흉터들이 바로 이 킨츠기와 같다고 생각해 왔습니다. 아무래도 피부 너머의 이야기를 들여다보려고 해서일까요. 물론 매끈하고 흠집 하나 없는 피부도 아름답습니다. 하지만 그것은 아직 아무런 이야기가 쓰이지 않은 백지와 같습니다. 반면 흉터가 있는 피부는 이미 한 편의 드라마가 기록된 책입니다.

한번은 40대 중반의 여성 환자분이 목에 스카프를 칭칭 감고 오셨습니다. 진료를 위해 조심스럽게 스카프를 풀자 목 정중앙에 선명하고 붉은 수술 자국이 가로로 길게 나 있었습니다. 갑상선암 수술 흉터였습니다. 그녀는 말했습니다. "원장님, 이 흉터 좀 안 보이게 싹 없애주실 수도 있나요? 거울 볼 때마다 제가 암 환자였다는 게 떠올라서 끔찍하고, 남들이 쳐다보는 시선도 너무 싫어요. 내 몸이 불량품이 된 것 같아서 견딜 수가 없어요."

그녀에게 이 흉터는 빨리 지워버려야 할 오점이자 불행의 증거였습니다. 사회적인 시선이 그녀를 그렇게 만들었을 것입니다. 흠집 없는 것이 정상이고 흠집 있는 것은 비정상이라는 이분법적인 사고가 그녀의 자존감을 갉아먹고 있었습니다. 저는 레이저 기계를 들기 전에 그녀에게 단호하게 말했습니다.

"환자분, 이 흉터는 불량품의 낙인이 아닙니다. 죽음의 문턱까지 갔다가 치열하게 싸워서 이기고 돌아왔다는, 오히려 승리의 표식 같은 거예요. 암세포가 환자분의 목을 노렸지만 결국 환자분의 생명력이 이겨내고 살이 다시 붙은 겁니다. 이건 부끄러운 게 아니라 환자분이 얼마나 강인한 사람인지를 보여주는 증거예요. 이 선명한 붉은 선은 환자분이 살아남았다는 가장 확실한 증명입니다.”

제 말에 그녀는 한참 동안 목의 흉터를 떨리는 손으로 어루만지더니 조용히 눈물을 흘리셨습니다. 그 눈물은 슬픔이 아니라 자신에 대한 화해의 눈물이었습니다. 그날 우리는 흉터를 완전히 없애는 독한 시술 대신, 흉터가 조금 더 부드럽게 아물도록 돕는 재생 치료를 했습니다. 그리고 몇 달 뒤, 그녀는 더 이상 스카프를 하지 않고 진료실에 왔습니다. 대신 목의 흉터 라인을 따라 아주 예쁜 목걸이를 하고 계셨죠. 흉터가 사라져서가 아닙니다. 흉터를 바라보는 그녀의 시선이 수치심에서 자부심으로 바뀌었기 때문입니다. 그녀의 목에 남은 흉터는 그녀의 삶이라는 도자기에 새겨진 가장 아름다운 금빛 킨츠기였습니다.

이 글을 읽는 당신의 몸에도 크고 작은 흉터나 흔적들이 있을 겁니다. 사춘기 시절 밤을 새워가며 고민하고 아파했던 여드름 흉터, 아이를 낳고 늘어난 배에 선명하게 남은 튼살, 혹은 어릴 적 자전거를 배우다 넘어져서 깨졌던 무릎의 상처 자국들. 우리는 무의식적으로 이 흔적들을 포토샵으로 지우듯 없애고 싶어 합니다. 하지만 부디 그 흔적들을 미워하지 마십시오. 그것들은 당신이 험한 세상을 온몸으로 부딪히며 살아남았다는 증거이자 당신이라는 책에 기록된 가장 치열했던 챕터의 제목들입니다.

매끈하고 흠집 없는 도자기는 공장에서 수만 개를 똑같이 찍어낼 수 있습니다. 하지만 깨지고 다시 붙은 흔적이 선명한 도자기는 박물관에 전시됩니다. 우리는 이것을 깨진 도자기를 옻과 금으로 수선하는 예술, '킨츠기Kintsugi'라고 부릅니다. 단순히 깨진 것을 붙여서 아름다운 것이 아닙니다. 그 수선의 과정에 '거짓 없는 시간'이 들어가기 때문입니다.

한 국내 킨츠기 공예가는 "킨츠기는 정직함 없이는 할 수 없는 공예입니다. 작업 중에 조금이라도 꾀를 부리면 완성도가 현저히 낮아지거든요."라고 말했습니다. 사람의 인생도 이와 다르지 않습니다. 상처 없이 온실 속 화초처럼 자란 사람은 싱그럽지만 어딘가 유약해 보입니다. 반면, 무너진 마음을 안고 다시 일어선 사람에게서는 범접할 수 없는 단단한 아우라가 느껴집니다. 그 차이는 어디서 올까요? 바로 '자신을 속이지 않는 회복의 태도'에서 옵니다.

상처받았을 때 "난 괜찮아"라며 대충 덮어두거나, 남들 보기에 멀쩡해 보이려 급하게 봉합하는 것은 '꾀'를 부리는 것입

니다. 그렇게 엉성하게 붙은 마음은 작은 충격에도 다시 산산
조각이 납니다. 진정한 치유는 킨츠기 장인처럼 묵묵하고 정
직해야 합니다. 찢어진 마음의 단면을 직시하고, 인내심을 갖
고 접착제를 바르며, 거친 감정을 사포로 문질러내는 고단한
과정을 견뎌야 합니다. 낡은 가죽이 오랜 시간 손때와 마찰을
견디며 깊은 광택을 내는 에이징의 시간을 거치듯 말입니다.

그렇게 스스로를 속이지 않고 치열하게 다시 붙여낸 사람
만이 가질 수 있는 것이 있습니다. 흉터가 아니라 '금'으로 장
식된 인생의 무늬, 그 누구도 흉내 낼 수 없는 깊이 있는 삶의
광택입니다.

이제는 스스로에게 '용서'라는 연고를 발라줄 때

하지만 아무리 상처가 아름다운 무늬가 될 수 있다 해도, 그 무늬가 완성되기까지는 반드시 거쳐야 할 과정이 있습니다. 깨진 도자기에 금가루를 입히기 전, 날카로운 파편을 조심스럽게 맞추고 다듬는 시간이 필요하듯, 우리 마음에도 덧난 상처를 보듬어 줄 시간이 필요합니다. 흉터를 무늬로 승화시키는 가장 중요한 재료, 그것은 바로 자기 자신에 대한 깊은 '화해'와 '용서'입니다.

제가 제 안의 상처를 긍정하고 나니, 진료실을 찾는 환자분들의 변화가 더 기적처럼 다가왔습니다. 단순히 피부 조직이 재생되는 것을 넘어, 그들의 삶 자체가 일종의 '리모델링' 되는 순간들을 목격하게 된 것입니다. 특히 학업 스트레스나 교우 관계의 아픔으로 몸에 상처를 냈던 어린 학생들의 경우가 그렇습니다.

부모님의 손에 이끌려 억지로 병원에 온 아이들은 처음에는 모자를 푹 눌러쓴 채 입을 꾹 다물고 저를 경계합니다. '어른들은 다 똑같아, 또 훈계하겠지'라는 반항심 어린 눈빛으로 저를 쏘아보기도 합니다. 하지만 치료를 거듭하며 흉터가 옅어지는 만큼, 아이들의 닫힌 마음의 문도 조금씩, 아주 천천히 열리기 시작합니다.

저는 아이들에게 "공부 열심히 해라" 같은 뻔한 잔소리는 하지 않습니다. 대신 제가 겪었던 실패담, 공부가 안 될 때의 괴로움, 그리고 인생을 어떻게 살아야 하는지에 대한 솔직한 이야기들을 '토리파' 시절의 화법으로 들려줍니다.

"선생님이 공부하다가 정말 다 포기하고 싶을 만큼 힘들 때가 있었는데, 혹시 언제인지 궁금해?"

아이들의 눈이 반짝입니다. 완벽해 보이는 의사 선생님이 들려주는 실패담은 아이들에게 묘한 해방감을 줍니다. 피부 치료를 하러 왔는데, 아이들은 저와 대화하며 마음의 위로를 얻습니다. 치료 주기를 누구보다 잘 지키고, 성적이 올랐다며 자랑하러 오기도 합니다. 흉터가 옅어질수록 아이의 표정은 밝아지고, 그 모습을 지켜보는 부모님과의 관계도 회복됩니다.

어느 날, 한 학생이 저에게 화분을 보내왔습니다. 화분 리본에는 이렇게 적혀 있었습니다. '나의 영웅, 나의 어벤저스 선생님.'

그 문구를 보며 생각했습니다. 제가 지운 것은 아이의 팔에 난 흉터였지만, 아이가 진짜로 얻은 것은 '자신을 사랑하는 법'이었구나. 흉터가 사라진 자리에는 새살만 돋아나는 것이 아니라, 새로운 희망도 함께 자라납니다.

물론, 흉터가 다 지워졌다고 해서 모든 환자가 병원을 떠나는 것은 아닙니다. 완치 후에도 종종 찾아오시는 분들이 계십니다. "원장님, 저 이번에는 여드름 관리 좀 받아보려고요." "기미가 좀 올라온 것 같아서 왔어요."

그분들이 다시 찾아오는 이유는 단순히 피부 욕심 때문만은 아닐 겁니다. 자신의 가장 아픈 모습을 보여주었음에도 비난하지 않고, 묵묵히 그 시간을 함께 견뎌준 의사에 대한 신뢰, 그리고 이곳에 오면 마음이 편안해진다는 안도감 때문일 겁니다. 과거에는 상처를 지우기 위해 고개를 숙이고 들어왔던 그 문을, 이제는 더 예뻐지기 위해, 더 나은 나를 만들기 위해 고개를 들고 들어오는 그 당당한 변화가 저는 참 좋습니다.

당신의 얼굴은
틱톡 챌린지가 아닙니다

저는 필터 속의 당신을
시술해 드릴 수 없습니다

언제부턴가 상담실을 찾는 환자분들의 손에 꼭 들려 있는 물건이 하나 있습니다. 바로 장시간 사용으로 뜨겁게 달아오른 스마트폰입니다. 그 작은 6인치 화면 속 세상은 현실의 물리법칙이 적용되지 않는 곳입니다. 환자분은 자리에 앉자마자 기다렸다는 듯 15초짜리 짧은 영상을 제 눈앞에 들이밉니다.

"원장님, 이 사람 느낌, 이분이랑 최대한 똑같이 해주세요."

환자분의 눈동자는 흔들림 없는 확신으로 가득 차 있습니다. 아니, 그것은 확신을 넘어선 어떤 간절한 열망처럼 느껴지기도 합니다. 그분들이 보여주는 화면 속 인물은 틱톡이나 인스타그램 릴스에서 유행하는 챌린지의 주인공들입니다. 하지만 환자분들이 저에게 요구하는 것은 그들의 춤이나 패션이 아닙니다. 화면 속 인물이 가진 신체 부위의 특정 형태, 그 '구조' 자체를 자신의 몸에 그대로 옮겨 심어 달라는 주문입니다.

환자분의 요구는 명확합니다. '나'라는 고유한 존재를 지우고, 지금 가장 뜨거운 트렌드를 내 몸에 덮어씌우겠다는 것. 그것은 마치 둥근 구멍에 네모난 돌을 억지로 끼워 넣으려는 시도와 같습니다. 맞지 않는 것을 억지로 밀어 넣으려 할 때 생길 수밖에 없는 마찰열, 그리고 결국은 부서지고 말 삐걱거림이 제 귀에는 벌써부터 들리는 듯해 마음이 아려옵니다.

저는 잠시 침묵하며 환자분의 얼굴과 몸을 찬찬히 들여다봅니다. 단순히 사진에 담기기 위한 존재가 아니라, 따뜻한 피가 돌고 근육이 숨 쉬는 살아있는 사람의 몸입니다. 이 몸은 오랜 시간을 거쳐 환자분에게 가장 잘 맞고 편안한 형태로 자리 잡은, 자연스러운 모습입니다. 하지만 환자분은 지금 그 자연스러움을 부정하고 싶어 하십니다.

"환자분, 마음은 충분히 이해하지만… 이건 의학적으로 사람의 몸이 견딜 수 있는 구조가 아닙니다."

제 조심스러운 만류는 종종 허공에서 힘없이 흩어지곤 합니다. 환자분에게 제 의학적 소견은 그저 자신의 꿈을 가로막는 야속한 잔소리, 혹은 '실력 없는 의사의 변명' 정도로 들릴지도 모릅니다. 이미 클릭 한 번이면 눈이 커지고, 드래그 한 번이면 턱이 깎이는 가상의 세계에 익숙해진 탓에, 현실의 수술대 위에서도 똑같은 마법이 일어날 거라 믿고 계시기 때문입니다.

가끔은 환자분들이 서운함을 넘어 날 선 분노를 터뜨리기도 합니다. "내 돈 내고 내가 하겠다는데 왜 안 해줘요?" "안 된다는 건 핑계고, 그냥 실력이 없어서 못 하시는 거 아니에요?" "원장님이 자신이 없으니까 괜히 안 된다고 하는 거잖아요."

그럴 때면 저도 사람인지라 마음이 흔들릴 때가 있습니다. 그냥 눈 딱 감고 원하는 대로 해드리면, 환자분도 당장은 기뻐하실 테고 병원 매출도 오르겠지요. 자본주의 논리로만 따지면 그게 정답일지도 모릅니다. 하지만 저는 장사꾼이기 이전에 의사입니다. 칼을 쥐고 주사기를 든 사람은, 환자가 원한다고 해서 독이 될 줄 뻔히 아는 것을 처방해서는 안 됩니다.

환자분이 내미는 신용카드보다, 시술 후에 망가질 환자분의 미래가 제 눈에는 더 크게 보입니다. 당장의 매출을 포기하더라도, "안 됩니다"라고 말하는 것. 그것이 제가 당신을 지키는 방식이자, 제가 의사 가운을 입고 있는 이유입니다. 비록 지금은 원망을 들을지라도, 훗날 "그때 원장님이 말려주셔서 정말 다행이에요"라고 웃으며 말할 당신을 위해, 저는 오늘도 기꺼이 '고집불통 의사'가 되기를 자처합니다.

02

저는 당신의 몸에
'유행'을 주사할 수 없습니다

　제가 환자분들에게 그토록 단호하게 '안 된다'고 선을 긋는 데에는, 단순히 제 고집 때문이 아닌 분명한 이유가 있습니다. 요즘 SNS를 타고 번지는 미의 기준들이 단순히 '아름다움'을 추구하는 수준을 넘어, 인간이 가진 고유한 해부학적 구조와 기능을 파괴하는 위험수위까지 치닫고 있기 때문입니다. 의학적인 관점에서 볼 때 그것은 '성형'이나 '시술'이라기보다는, 인체를 억지로 훼손하는 '신체 변형'에 가깝습니다.

　최근 진료실을 찾는 20대 환자들 사이에서 가장 기이하고도 안타까운 유행을 꼽자면, 단연 '직각 어깨'에 대한 집착일 것입니다. 인기 K-POP 아이돌의 어깨처럼, 목에서 어깨 끝으로 떨어지는 라인이 자로 잰 듯 정확하게 90도 직각을 이루기를 원하십니다.

"원장님, 승모근은 아예 없애주시고요. 여기 어깨 끝은 뼈가 튀어나온 것처럼 각지게 채워주세요. 딱 떨어지게요. 가능할까요?"

환자분은 자신의 승모근을 마치 떼어내야 할 부위처럼 움켜쥐며 말씀하십니다. 하지만 승모근은 머리의 무거운 무게를 지탱하고, 팔을 움직이게 하는 우리 몸의 필수적인 근육입니다. 그런데 보톡스로 그 근육을 마비시켜 기능을 억지로 축소시키는 것을 넘어, 이제는 그 좁은 공간 위에 필러를 쌓아 올려 인위적인 '각'을 세워달라고 하십니다. 저는 환자분의 어깨를 조심스레 만져봅니다. 조직은 단단하게 굳어있고, 피부는 팽팽하게 당겨져 더 이상의 여유 공간이 없습니다.

"환자분, 인체는 본래 곡선으로 이루어져 있습니다. 목에서 어깨로, 그리고 팔로 이어지는 라인은 부드러운 유선형일 때 가장 건강하고 자연스럽습니다. 물론, 환자분이 말씀하시는 그분의 직각 어깨가 참 예쁘다는 건 저도 잘 압니다. 하지만 그분이 아름다운 이유는 단순히 어깨가 90도라서가 아닙니다. 그 어깨가 그분의 긴 목선, 얼굴형, 그리고 가녀린 체형과 함께 완벽한 조화를 이루기 때문에 아름다운 것입니다. 그분에게는 그분의 '정답'이 있고, 환자분에게는 환자분만의 '정답'이 따로 있습니다."

하지만 유행은 이 '각자의 정답'을 무시하고, 기하학적인 '직각'만이 유일한 아름다움인 양 강요합니다. 저는 걱정스러운 마음을 담아 차분하게 설명을 이어갑니다.

"환자분, 여기 어깨 끝 공간은 정말 좁습니다. 여기에 필러를 억지로 밀어 넣으면 피부가 그 압력을 견디지 못해요. 공간은 한정되어 있는데 필러를 강제로 주입하면, 결국 혈관이 눌려 혈액 순환이 막히고 심하면 괴사가 올 수도 있습니다. 이것은 단순한 겁주기가 아닙니다. 우리 몸이 감당할 수 있는 한계선이 분명히 존재한다는 사실을 의사로서 꼭 말씀드려야만 합니다."

그럼에도 환자분은 아쉬움 가득한 목소리로 반문하십니다. "제 친구는 했는데요? 인스타 보니까 다들 하던데요?"

물론 그 마음, 저도 충분히 이해합니다. '남들도 다 한다'는 동조 심리, 그리고 '나만 유행에 뒤처질 수 없다'는 불안감이 때로는 안전에 대한 경각심을 덮어버리곤 하니까요. 하지만 저는 환자분들이 유행에 따라 누군가의 '복제품'이 되기보다, 본연의 매력을 살린 '오리지널'로 남기를 바랍니다. 남에게 맞는 옷을 억지로 수선해 입기보다, 환자분에게 딱 맞는 핏을 찾아드리는 것. 그것이 위험한 시술을 막아서는 제 진짜 속마음입니다.

상체에서 벌어지는 일이 이토록 위태롭다면, 하체에서는 더 거대하고 위험한 도박이 벌어지고 있습니다. 바로 '골반 필러'입니다. 한때 서구권의 유명한 스타들 같은 비현실적인 몸매가 SNS를 통해 전 세계적인 미의 기준으로 확산되면서, 한국의 진료실에도 '골반 뽕'을 찾는 환자들의 발길이 끊이지 않습니다.

이 시술의 가장 큰 공포는 주입되는 '양'에 있습니다. 얼굴 전체에 필러를 넣어도 보통 5cc에서 10cc 정도입니다. 그런데 골반은 단위가 다릅니다. "원장님, 한쪽에 100cc씩, 양쪽 합쳐서 200cc 넣어주세요." 200cc. 우유 한 팩 분량입니다. 그 엄청난 양의 필러를 우리 몸속, 엉덩이와 허벅지 사이의 근육층에 쏟아붓겠다는 것입니다. 비용으로 환산하면 2천만 원이 훌쩍 넘는, 차 한 대 값에 달하는 금액입니다. 하지만 돈보다 더 큰 문제는, 이것이 인체에 어떤 영향을 미칠지 아무도 모른다는 사실입니다. 골반 부위에 대용량 필러를 주입하는 시술은 매뉴얼에 나오지 않습니다. 장기적인 안전성이 검증된 적도 없습니다. 이것은 명백히 환자 자신의 몸을 담보로 한 '임상 실험'입니다.

우리의 몸은 무한정 늘어나는 물풍선이 아닙니다. 조직 사이사이에는 미세한 혈관과 신경이 거미줄처럼 복잡하게 얽혀 있습니다. 그 섬세한 생태계 속에 100cc라는 거대한 필러가 갑작스럽게 들어왔을 때, 우리 몸이 감당해야 할 충격은 생각보다 훨씬 큽니다. 주입된 필러는 항상 그 자리에 얌전히 머물러주지 않습니다. 중력의 법칙에 따라 아래로 흘러내리거나, 단단하게 뭉치기도 하고, 때로는 염증을 일으켜 살을 파고들기도 합니다.

하지만 15초, 30초짜리 짧은 SNS 속의 영상은 시술 직후의 화려한 볼륨감만 보여줄 뿐, 1년 뒤, 3년 뒤에 찾아올 수도 있는 후유증에 대해서는 침묵합니다. 저는 걱정스런 마음에 조심스레 여쭙습니다. "환자분, 혹시라도 나중에 문제가 생기면 이걸 다 긁어내야 할 수도 있습니다. 그때 겪으실 마음고생과 흉터가 저는 너무 걱정이 됩니다."

제 무거운 경고를 들은 환자분은 잠시 침묵합니다. 흔들리는 눈동자로 허공을 응시하며 깊은 고민에 빠지는 듯 보입니다. '하지 말까', '위험하다는데 어쩌지' 하는 갈등이 그 짧은 침묵 속에 고스란히 느껴집니다. 하지만 그 망설임은 그리 길지 않습니다. 이내 무언가 결심한 듯, 입술을 꽉 깨물며 나지막이, 하지만 단호하게 내뱉습니다.

"네... 원장님 말씀 무슨 뜻인지 알겠어요. 무서운 것도 알겠고요.""그래도... 그냥 해주세요."

그 짧은 대답을 들을 때면 가슴 한구석이 쿵 하고 내려앉는 기분입니다. 평생 아끼고 보듬어야 할 소중한 몸이, 잠시 스쳐 지나가는 한 순간을 위해 너무 큰 위험을 감수하고 있는 건 아닌지 깊은 안타까움이 밀려오기 때문입니다.

도대체 무엇이 멀쩡하고 아름다운 분들을 이토록 벼랑 끝으로 내몰고 있는 걸까요? 진료실에서 제가 마주하는 가장 안타까운 순간은, 환자분이 거울 속의 '진짜 내 모습'을 낯설어하고 힘들어할 때입니다.

"원장님, 저 요즘 거울 보기가 너무 싫어요. 제 얼굴이 길쭉하고 밋밋해 보여요. 심지어 피부는 너무 지저분해 보여서 견딜 수가 없어요" 최근 진료실을 찾은 20대 환자분의 호소였습니다. 제가 보기에는 의학적으로나 미적으로나 흠잡을 데 없이 조화롭고 예쁜 얼굴을 가진 분이었습니다. 도저히 이해가 되지 않아 저는 조심스럽게 되물었습니다. "제 눈에는 충분히 아름다우신데요. 혹시 그렇게 느끼게 된 특별한 계기라도 있으신가요?"

그러자 그녀는 잠시 머뭇거리더니, 주머니에서 스마트폰을 꺼내 화면을 켠 뒤 제게 내밀었습니다. "유독 거울을 보거나 남이 찍어준 사진만 보면… 제 얼굴이 마음에 안 들어요. 제 얼굴을 아예 이 사진처럼 잡아갈 수는 없을까요?"

그녀가 떨리는 손으로 보여준 것은 분명히 보정이 들어간 사진들이었습니다. 화면 속 그녀의 피부는 모공 하나, 솜털 하나 보이지 않는 매끈한 피부였습니다. 코 옆의 붉은 기나 입가의 그림자조차 완벽하게 지워진, 현실의 인간이라기보다 잘 빚어진 인형에 가까운 상태였습니다. 분명 깨끗하고 예쁘지만, 살아있는 사람의 피부에서는 결코 나올 수 없는, 생명력이 거세된 텍스처였습니다.

문제는 우리가 하루 종일 거울보다 스마트폰 화면 속의 '보정된 나'를 더 오래 들여다본다는 점입니다. 필터가 씌워진 그 비현실적인 모습에 눈이 익숙해지다 보니, 중력의 영향을 받고 자연스러운 곡선을 가진 현실의 내 얼굴이 오히려 '어색한 실패작'처럼 느껴지게 된 것입니다. 이것은 결코 환자분의 잘못이 아닙니다. 너무나 정교해진 기술과 알고리즘이 우리에게 '가짜 거울'을 쥐여주었기 때문입니다. 내 눈이 이상한 게 아니라, 세상의 기준이 너무 가혹하게 변해버린 탓입니다. 저는 스마트폰을 쥔 채 불안해하는 수많은 청춘들이, 부디 이 '디지털 환각'에서 깨어나 거울 속의 따뜻한 자신을 다시 사랑하게 되기를 간절히 바랍니다.

이러한 현상이 극단적으로 드러나는 것이 바로 일종의 '왕홍' 스타일을 추구하는 환자들입니다. 그분들의 얼굴은 이미 포화 상태입니다. 이마는 빛이 반사될 정도로 팽팽하고, 코는 뚫고 나올 듯 뾰족하며, 입술은 터질 듯 부풀어 있습니다. 의사인 제 눈에는 더 이상 바늘 하나 들어갈 틈 없는 위태로운 '공사 현장'처럼 보입니다. 하지만 그분들은 앉자마자 "여기가 꺼졌으니 더 채워달라"고 아우성칩니다. 이미 컵에 물이 넘쳐 흐르는데 계속 물을 붓겠다고 하는 격입니다. 그들의 미적 기준은 강한 조명과 뷰티 필터를 뚫고 나올 만큼 과장되어야만 '예쁘다'고 느끼는, 현실 밖의 세계에 가 있기 때문입니다.

진료실에서의 상담은 이제 단순한 의학적 논의가 아니라,

욕망과 이성 사이의 치열한 줄다리기가 되었습니다. 시술을 거부당한 환자분들은 때로 날카로운 분노를 쏟아냅니다. 병원 로비에서 항의하는 분들의 목소리를 듣고 있으면, 저도 사람인지라 흔들릴 때가 있습니다. 그냥 눈 딱 감고 원하는 대로 해드리자. 이런 속삭임이 들려오기도 합니다. 하지만 그럴 때마다 더욱 의사의 시선으로 환자를 바라보려고 합니다. 과도한 양의 필러를 밀어 넣으려 할 때 주사기 끝에서 느껴지는 그 묵직한 반발력. 그것은 "제발 멈춰주세요"라고 외치는 환자분의 몸이 보내는 비명입니다. 의사는 그 비명을 손끝으로 읽어내고, 욕망이 눈을 가린 환자를 대신해 브레이크를 밟아주는 사람이어야 합니다. 설령 그 과정에서 "불친절하다", "융통성 없다"는 원망을 듣더라도 말입니다.

사실, 저라고 왜 모르겠습니까. 그토록 간절하게 매달리는 당신의 마음속에 자리 잡은 깊은 외로움과 불안을 말입니다. 우리는 지금 너무나 가혹한 세상에 살고 있습니다. 손바닥만 한 화면 속 세상은 모두가 완벽하고 행복해 보입니다. 그 화려한 이미지들이 폭포수처럼 쏟아지는 세상에서, 거울 속의 평범한 내 모습은 한없이 초라해 보이기 쉽습니다. '좋아요' 개수가 곧 나의 가치가 되고, 팔로워 숫자가 곧 나의 인기가 되는 이 냉정한 평가판 위에서, 살아남기 위해, 아니 사랑받기 위해 내 몸을 깎고 채우려는 그 처절한 노력을 제가 어찌 함부로 비난할 수 있겠습니까.

"선생님, 저도 알아요. 이게 만들어진 것이라는 거. 그래도 이렇게 해서라도 예뻐지고 싶어요. 그러면 사람들이 좋아해 주니까요."

언젠가 한 환자분이 울먹이며 했던 이 말이 가슴에 뼈아프게 박혀 있습니다. 맞습니다. 누군가에게 사랑받고 싶고, 인정받고 싶은 욕구는 죄가 아닙니다. 하지만 의사인 제가 당신을 위해 꼭 드리고 싶은 말씀은 이것 하나입니다. 필터 속에 갇힌 그 완벽한 모습은 결국 '가면'일 뿐입니다. 가면은 당장은 화려해 보일지 몰라도, 결국 사람과 사람 사이의 온기를 막아버립니다. 우리가 누군가를 진심으로 사랑하게 되는 순간은, 그 사람의 턱이 뾰족하고 피부가 탄력이 넘쳐서가 아닙니다. 웃을 때 잡히는 눈가 주름이 다정해서, 쑥스러울 때 붉어지는 볼이 인간적이어서, 나를 바라보는 눈빛이 따뜻해서 사랑에 빠지는 것입니다.

저는 당신의 몸이 유행이 지났다고 헌 옷 수거함에 버려지는 '철 지난 옷'이 되지 않기를 바랍니다. 당신의 얼굴과 몸은 이번 시즌에만 입고 버릴 소모품이 아니라, 영혼이 평생을 머물러야 할 소중한 '집'이기 때문입니다. 집을 예쁘게 꾸미는 것은 좋지만, 기둥을 뽑고 벽을 허물어버리면 집은 무너지고 맙니다. 무너진 집에서는 그 누구도 편안하게 쉴 수 없습니다.

그래서 저는 오늘도 기꺼이 악역을 자처합니다. 당신이 잠시 유행이라는 열병에 들떠 소중한 집을 허물려 할 때, 문 앞을 막아서는 고집 센 문지기가 되려 합니다. 지금 당장은 제 말들을 뿌리치고 싶으시겠지만, 언젠가 열병이 가라앉고 나면 알게 되실 겁니다. 삐뚤빼뚤하고 조금은 부족해 보였던 그 본연의 모습이, 사실은 세상에서 가장 자연스럽고 아름다운 나만의 집이었다는 것을요. 부디, 너무 멀리 가지 마세요. 거울 속의 당신은 필터가 없어도, 이미 충분히 따뜻하고 살아있는 사람입니다.

03

유행이 휩쓸고 간 폐허,
결국 남는 것은 '나'입니다

하지만 우리가 아무리 현재의 아름다움을 붙잡으려 애써도, 그리고 아무리 완벽하게 보정한 사진으로 SNS를 도배한다 해도, 절대 거스를 수 없는 냉정한 섭리가 하나 있습니다. 축제의 불빛이 꺼지고 나면 어둠이 찾아오듯, 지금의 이 뜨거운 유행도 언젠가는 반드시 끝이 난다는 사실입니다.

시간은 거짓말을 하지 않습니다. 그리고 중력은 그 누구에게도 공평합니다. 진료실에서 제가 당장의 화려함보다 '10년 뒤의 안전'을 그토록 강조하는 이유는, 의사로서 제가 이미 유행이 휩쓸고 지나간 자리의 참혹한 결말을 똑똑히 목격했기 때문입니다.

기억나시나요? 2014년 무렵 대한민국을 강타했던, 이른바 '애교살 필러' 열풍을요. 당시에는 눈 밑에 도톰한 살집을 인위적으로 만드는 것이 '동안'의 필수 조건이라 여겨졌습니다. 너도나도 성형외과를 찾아 눈 밑에 필러를 채워 넣었고, 마치 경쟁하듯 그 양을 늘려갔습니다. "더 도톰하게, 더 확실하게 티 나게 해주세요." 당시 환자분들의 요구는 지금의 '직각 어깨'만큼이나 맹목적이었습니다.

하지만 10년이 넘게 흐른 지금, 그 얼굴들은 어떻게 변했을까요? 야속하게도 우리 피부의 탄력은 세월과 함께 떨어지고, 피부 조직은 종이처럼 얇아집니다. 문제는 그 좁은 눈 밑 공간에 주입된 과도한 양의 필러는 피부와 함께 늙지 않는다는 점입니다. 피부는 힘을 잃어가는데 묵직한 필러는 그대로 남아 있으니, 결국 무게를 이기지 못하고 아래로 처지거나 옆으로 퍼져나갑니다. 웃을 때 자연스럽게 차오르는 사랑스러운 눈웃음이 아니라, 가만히 있어도 눈 밑이 불룩하게 도드라져 보이는 어색한 흔적으로 변해버린 것입니다.

코 필러 또한 마찬가지입니다. 수술 없이 콧대를 높일 수 있다는 달콤한 유혹에 빠져, 반복적으로 많은 양을 넣었던 분들의 코는 시간이 지나면서 필러가 옆으로 퍼지는 현상을 겪곤 합니다. 콧등의 날렵하고 세련된 선은 사라지고, 콧대와 미간이 넓어져 오히려 인상이 둔탁해 보이는 결과를 낳기도 합니다.

지금 제 진료실을 찾아와 "선생님, 제발 이것 좀 녹여주세요. 거울을 볼 때마다 후회가 돼요"라며 울먹이시는 분들은, 10년 전에는 "더 넣어주세요"라고 간절히 조르던 바로 그분들입니다. 유행은 한 철이면 지나가지만, 우리 몸에 무리하게 주입된 욕심은 그 자리에 남아 뒤늦은 '청구서'가 되어 돌아옵니다.

그런데 이 유행의 광풍이 최근에는 더 잔인한 곳으로 향하고 있습니다. 다름 아닌, 아직 성장조차 끝나지 않은 아이들의 얼굴입니다. 최근 들어 교복을 입은 10대 학생들이 부모님의 손을 잡고, 혹은 친구들과 함께 진료실을 찾는 경우가 부쩍 늘었습니다. 14살, 15살. 인생에서 가장 생명력이 넘치고, 아무것도 바르지 않아도 그 자체로 싱그러운 나이입니다. 그런데 그 아이들이 진료실 거울 앞에 앉아 깊은 한숨을 쉽니다.

"원장님, 제 볼살이 너무 뚱뚱해요. 친구들이 얼굴 크다고 놀려요. 이거 다 없애주실 수 있나요? 아니면 나중에 성형을 해야 할까요?"

아이들이 가리키는 것은 지방 덩어리가 아니라, 그 나이대에만 가질 수 있는 소중한 '젖살'입니다. 그 통통함은 젊음의 상징이자, 피부를 탱탱하게 지탱해 주는 천연의 콜라겐 덩어리입니다. 하지만 아이들의 눈에는 그것이 아이돌 언니들처럼 날렵한 브이라인을 방해하는 대상으로만 보입니다. 더욱 안타까운 것은 부모님들의 태도입니다. "우리 애가 연예인 지망생이라서요. 미리 준비할 수 있게 해주세요." 부모님마저 아이의 왜곡된 시선에 동조하고, 오히려 의사에게 시술을 종용합니다.

저는 그럴 때마다 단호하게 말씀드립니다. "어머님, 이 살은 지금 빼면 나중에 억만금을 줘도 다시 못 채웁니다. 10대의 젖살은 죄가 없습니다."

14살의 얼굴을 24살의 성숙한 얼굴로 강제로 바꾸려는 시도. 그것은 아이가 누려야 할 고유한 시간과 성장의 과정을 도둑질하는 것과 다름없습니다. 18살, 19살이 되어 젖살이 빠지고 윤곽이 드러났을 때 비로소 완성될 그 아이만의 아름다움을, 어른들의 조급함과 유행이 난도질하고 있는 것입니다.

또 진료실에서 가장 흔하게 듣는, 그러나 가장 해결하기 어려운 요구 중 하나가 바로 '완벽한 대칭'에 대한 집착입니다. "원장님, 제 얼굴은 왜 비대칭인가요? 왼쪽 눈이 오른쪽보다 더 작아요. 입꼬리도 짝짝이고요. 이거 완벽하게 대칭으로 맞춰주실 수 있나요?"

하지만 저는 단호하게 말씀드립니다. "환자분, 완벽한 대칭을 가진 존재는 인간이 아닙니다. 그건 외계인이나 로봇, 혹은 마네킹뿐입니다."

살아있는 인간의 얼굴은 누구나 비대칭입니다. 우리는 평생 밥을 먹을 때 한쪽 어금니를 더 많이 사용하고, 잠을 잘 때 한쪽으로 돌아누우며, 웃을 때 특정 근육을 더 많이 씁니다. 지난 수십 년간 쌓여온 그 사소한 생활 습관과 표정들이 층층이 쌓여 만들어진 것이 바로 지금의 얼굴입니다. 그 비대칭 속에는 환자분이 살아온 삶의 역사가 담겨 있습니다. 그런데 환자분들은 그 수십 년의 세월을 시술로 지워버리고, 인위적으로 채워서 기계적인 대칭을 만들어달라고 합니다. 그것은 살아있는 얼굴의 매력을 오히려 없애는 일입니다.

그렇다면, 이토록 빠르고 자극적인 유행의 홍수 속에서 우리는 무엇을 붙잡아야 할까요? 얼굴에 필러를 채우고, 뼈를 깎고, 피부를 당기는 것. 물론 의학의 힘을 빌려 노화를 늦추고 결점을 보완할 수는 있습니다. 하지만 명심해야 할 것은, 그 어떤 명의도, 그 어떤 비싼 시술도 '무너진 마음'까지 세워 줄 수는 없다는 사실입니다.

제가 10년 넘게 진료실에서 지켜본 바에 따르면, 유행을 맹목적으로 쫓는 환자분들의 공통점이 있습니다. 바로 마음의 기둥이 흔들리고 있다는 것입니다. 내면의 확신이 없기에 외부의 기준에 끊임없이 휘둘립니다. 남들이 코를 높이면 나도 높여야 안심이 되고, 필터를 거쳐 나온 이미지에 내 얼굴을 끼워 맞춰야 비로소 안정감을 느낍니다. 하지만 그렇게 가상의 얼굴을 흉내 내어 얻은 안도감은 모래성처럼 취약합니다. 유행이 바뀌고, 그에 맞춰 다시 이미지 속 얼굴이 바뀌게 되면 또다시 불안해지고 무너집니다.

결국 우리 얼굴을 무너지지 않게 지탱하는 가장 강력한 기둥은, 피부 속에 넣는 '보톡스'나 '필러'가 아닙니다. 그것은 어떤 비바람에도 나를 잃지 않게 하는 '나를 긍정하는 힘', 바로 단단한 자존감입니다.

마음의 근육이 단단한 사람은 거울 속의 자신을 남과 비교하며 괴로워하지 않습니다. 그들은 자신의 얼굴에 있는 약간의 비대칭을 '남들과 다른 나만의 개성'으로 받아들입니다. 눈가에 자리 잡은 주름을 늙음의 징후가 아니라, 내가 그만큼 많이 웃고 치열하게 살아왔다는 '삶의 훈장'으로 여깁니다. 유행하는 미의 기준이 아무리 요동쳐도, 그들은 휩쓸리지 않습니다. 스마트폰의 화려한 필터가 사라지고, 무대 위의 조명이 모두 꺼진 뒤, 칠흑 같은 어둠 속에서도 끝까지 내 곁을 지키며 빛을 내는 존재는 오직 '나 자신'뿐이라는 사실을 잘 알기 때문입니다.

이제 조용히 당신에게 묻고 싶습니다. 오늘 밤, 당신은 거울 속에서 무엇을 보고 계십니까? 혹시 남들이 정해놓은 기준에 미치지 못해 전전긍긍하는 '결핍 덩어리'를 보고 계시지는 않나요? 아니면, 우주를 통틀어 단 하나뿐인 고유하고 소중한 '나'를 마주하고 계시나요? 우리는 무언가를 끊임없이 더하고 바꾸면 더 완벽해질 거라 믿지만, 세상의 모든 꾸밈 끝에는 하나의 역설적인 진리가 기다리고 있습니다. 흔히들 '튜닝의 끝은 결국 순정'이라고 말하는 것처럼요.

이 말은 비단 기계나 물건에만 적용되는 이야기가 아닐 겁니다. 아무리 화려하게 겉모습을 바꾸고, 유행이라는 이름의 색을 덧칠해 봐도, 결국 우리가 가장 편안함을 느끼고 마침내 돌아와야 할 곳은 가장 나다운 모습, 바로 당신이라는 '순정' 그 자체이기 때문입니다.

부디 잊지 마세요. 당신은 어딘가 고장 나서 수리가 필요한 존재가 아닙니다. 지금 있는 그대로의 모습만으로도, 당신은 이미 세상에 단 하나뿐인 작품입니다.

04

시술로 자신감은 사도 자존감은 살 수 없습니다

하지만 안타깝게도, 스스로가 이미 명작임을 깨닫지 못한 채 끝없는 '수리'의 굴레에 갇힌 분들을 마주할 때가 있습니다. 겉모습을 완벽하게 다듬으면 마음의 구멍도 메워질 것이라 믿는 그 간절함 앞에서, 저는 종종 의학이라는 기술이 가진 서글픈 한계를 절감하곤 합니다.

평소 의사로서 시술실에서 나올 때, 저는 보통 두 가지 감정을 느낍니다. 시술이 계획대로 완벽하게 끝났을 때의 안도감, 그리고 환자의 삶이 조금 더 긍정적으로 변화하길 바라는 기대감입니다. 하지만 가끔은 이 모든 감정을 집어삼키는 깊은 무력감과 마주할 때가 있습니다. 바로 의사의 칼날이 닿을 수 없는 영역, 환자의 '마음'이 병들어 있을 때입니다. 시술은 성공했지만 환자는 여전히 불행해하는 그 모순적인 상황 앞에서, 저는 의학의 한계를 뼈저리게 실감하곤 합니다.

제 기억 속에 유독 씁쓸한 뒷맛으로 남아 있는 환자분이 한 분 계십니다. 홍콩에서 무역 사업을 하시는 40대 초반의 남성분이셨는데, 현지 교민 사회에서는 꽤 유명한 인플루언서 못지않게 인지도가 있는 분이었습니다. 처음 진료실 문을 열고 들어오셨을 때, 저는 속으로 '이분은 도대체 피부에 어떤 문제가 있어서 오신 걸까?' 하고 의아해했습니다. 40대라는 나이가 무색할 만큼 잡티 하나 없이 깨끗한 피부, 규칙적인 운동으로 다져진 탄탄한 체격까지. 이미 그분은 충분히, 아니 차고 넘칠 만큼 멋진 중년이셨습니다.

하지만 상담을 시작하자마자 느껴지는 그의 내면은 겉모습과는 정반대였습니다. 그는 극도로 불안해 보였습니다. 거울을 보는 그의 눈빛은 자신의 매력을 확인하는 것이 아니라, 마치 범인을 쫓는 형사처럼 매서웠습니다. 남들은 봐도 찾기 힘든 미세한 흉이나, 아주 희미한 색소 침착을 손가락으로 가리키며 괴로워했습니다.

그분의 간절한 요구대로 최신 리프팅 레이저 시술을 진행하고, 피붓결을 매끄럽게 하는 관리를 해드렸습니다. 의학적으로, 그리고 기술적으로 결과는 완벽했습니다. 시술 직후 거울을 본 그분도 잠시 만족하는 듯했고, 주변 지인들도 "얼굴이 확 폈다", "훨씬 젊어 보인다"며 칭찬을 아끼지 않았다고 합니다.

그러나 시술이 끝나고 한 달 뒤, 그분에게서 연락이 오기 시작했습니다. "원장님, 조명 아래서 보니까 여기가 다시 처져 보이는 것 같아요." "거울을 봤는데, 왼쪽 뺨에 기미가 더 진하게 올라온 것 같아요. 레이저가 잘못된 거 아닙니까?"

하루가 멀다 하고 매일같이 확인을 요청하는 메시지가 쏟아졌습니다. 제가 아무리 "시술 결과는 아주 좋습니다. 지금 말씀하시는 부분은 조명에 의한 그림자일 뿐, 피부는 매끈합니다"라고 설명을 드려도, 그의 불안은 잠재워지지 않았습니다. 그는 홍콩으로 돌아가서도 밤낮없이 거울을 들여다보며 자신을 괴롭히고 있었습니다. 객관적인 피부 상태는 최상이 되었지만, 자신을 바라보는 주관적인 '마음의 눈'이 여전히 결핍만을 찾고 있었기 때문입니다.

그에게 피부 시술은 외모의 '관리'가 아니라, 마음속 깊은 곳에 뚫려 있는 거대한 구멍을 메우기 위한 처절한 몸부림이었습니다. 하지만 안타깝게도, 레이저 장비는 멜라닌 색소를 파괴하고 늘어진 근막을 당길 수는 있어도, 마음의 그늘을 없애고 자존감을 리프팅할 수는 없습니다.

그때 저는 뼈저리게 깨달았습니다. '아, 이 사람에게 필요한 건 리프팅이 아니었구나. 의사인 내가 해줄 수 있는 건 여기까지구나.' 시술이 아무리 성공적이어도, 환자의 표정이 여전히 어두울 때 의사로서 느끼는 그 허무함은 이루 말할 수 없습니다. 그것은 의술의 패배가 아니라, 마음의 패배이기 때문입니다.

많은 분이 착각하십니다. 외모가 바뀌면 내가 가지고 있는 모든 문제가 해결될 것이라고요. 취업이 잘 될 것 같고, 막히던 인간관계나 연애가 술술 풀릴 것 같고, 남들이 나를 더 대우해 줄 것이라고 믿습니다. 물론, 외모의 변화가 일시적인 '자신감'을 올려줄 수는 있습니다. 마치 백화점에서 명품 가방을 샀을 때 어깨가 으쓱해지는 기분과 비슷합니다. 시술 직후 달라진 모습을 보며 느끼는 그 고양감은 분명 존재합니다.

하지만 '자존감'은 전혀 다른 문제입니다. 자신감이 '내가 오늘 좀 괜찮아 보이네?'라는 감정이라면, 자존감은 '나는 어떤 모습이든 괜찮은 사람이야'라는 내면의 단단한 뿌리입니다. 자신감은 돈으로 살 수 있습니다. 명품으로, 성형으로, 화려한 화장으로 포장할 수 있습니다. 하지만 자존감은 돈으로 살 수 없습니다. 그것은 오직 스스로를 존중하고 사랑하는 마음가짐에서 비롯되기 때문입니다.

자존감이 낮은 상태에서 이러한 시술들을 하는 것은 '밑 빠진 독에 물 붓기'와 같습니다. 마음의 독이 깨져 있는데, 아무리 겉모습이라는 물을 화려하게 채워 넣은들 무슨 소용이 있겠습니까? 잠깐 차오르는 듯하다가 이내 다 빠져나가 버립니다. 그러면 환자는 또다시 불안해지고, 공허함을 채우기 위해 또 다른 시술 부위를 찾아 헤맵니다. 이것이 바로 '성형 중독'의 시작입니다. 쇼핑 중독자가 내면의 공허함을 채우기 위해 끊임없이 물건을 사들이듯, 자신의 얼굴을 쇼핑하듯 뜯어고치는 것입니다. 하지만 그 끝에는 더 큰 공허함과, 반복된 시술로 망가진 얼굴, 그리고 텅 빈 통장만이 남을 뿐입니다.

누군가는 제게 선을 넘는다고 할지도 모릅니다. 의사가 피부나 잘 보면 되지, 왜 환자의 인생까지 관여하려 드냐고 주제넘은 참견이라 핀잔을 줄 수도 있겠지요. 하지만 저는 가끔 의사 가운을 벗은 '사람 대 사람'으로서, 욕을 먹더라도 진심을 꾹꾹 눌러 담아 말씀드리곤 합니다.

"환자분, 정말 조심스럽지만 제 생각은 조금 다릅니다. 지금 환자분을 가장 괴롭히는 건 거울 속의 얼굴이 아니라, 어쩌면 마음속에 있는 것일지도 모릅니다. 마음이 불구덩이 같은데, 얼굴을 고쳐놓는다고 해서 그 뜨거운 불길이 사라지겠습니까?"

시술은 결코 마법이 아닙니다. 당신의 인생을 송두리째 바꿔주는 구원 투수는 더더욱 아닙니다. 그저 당신이 가진 외적인 콤플렉스를 조금 덜어주고, 거울 앞에서 아주 조금 더 미소 짓게 해주는 '작은 위로'이자 '보조 수단'일 뿐입니다.

내면의 결핍이 채워지지 않은 상태에서 외모에만 매달리는 것은 위험합니다. 그것은 마치 기초 공사가 부실한 모래땅 위에 화려한 고층 빌딩을 짓는 것과 같습니다. 겉보기엔 그럴싸하고 화려할지 몰라도, 작은 시련이라는 진동만 와도 와르르 무너져 내릴 수밖에 없으니까요. 저는 당신이 모래성이 아닌, 단단한 바위 위에 집을 짓기를 간절히 바랍니다.

그렇다면, 이토록 겉모습에 열광하는 세상에서 진정으로 '멋진 사람'이란 과연 어떤 사람일까요? 단 1mm의 오차도 없는 AI 같은 완벽한 대칭을 가진 사람일까요? 아니면 모공 하나 보이지 않는 도자기 같은 피부를 가진 사람일까요?

저는 아니라고 생각합니다. 앞서 말씀드린 그 사업가분은 외적으로는 그 모든 조건에 가까워졌음에도, 정작 본인은 스스로를 '멋지다'고 느끼지 못하셨습니다. 완벽해진 얼굴 뒤에, 언제 다시 흠이 생길지 모른다는 불안이 그림자처럼 도사리고 있었기 때문입니다. 참으로 안타까운 일이지요.

반대로, 제가 보기에 완벽한 비율이나 깨끗한 피부가 아님에도 불구하고, 마주하는 순간 압도적인 아우라를 뿜어내는 분들이 있습니다. 그들은 외모로 자신을 증명하려 애쓰지 않습니다. 대신 그 누구도 넘볼 수 없는 '자신만의 실력'과 '단단한 본질'로 세상을 설득합니다.

여기, 제가 생각하는 '진짜 자존감의 정점'에 서 있는 한 남자의 이야기를 들려드리고 싶습니다. 그는 훤칠한 키도 아니고, 우리가 흔히 말하는 전형적인 미남형 얼굴도 아닙니다. 하지만 전 세계 그 누구도 감히 그를 '작은 사람'이라 부르지 않습니다.

05

자존감은
마법이 될 수 있습니다

상상을 한번 해봅니다. 축구의 신이라 불리는 사나이, 리오넬 메시가 어느 날 갑자기 제 진료실 문을 열고 들어온다면 어떨까요? 의사의 직업병이 발동해 습관적으로 그의 얼굴을 뜯어본다면, 아마 견적이 꽤 많이 나올지도 모릅니다.

단순히 피부를 넘어 그를 마주하면, 우선 그는 키가 작습니다. 거친 수비수들이 즐비한 그라운드에서 170cm가 채 되지 않는 신장은 치명적인 약점처럼 보입니다. 호날두처럼 조각 같은 근육질도 아니고, 배우처럼 화려한 이목구비를 가진 것도 아닙니다. 만약 그가 무명 시절에 찾아와 "원장님, 저를 전형적인 미남으로 만들어주세요"라고 했다면, 저는 꽤나 긴 고민에 빠졌을 겁니다.

하지만 그가 푸른 잔디 위에 서는 순간, 그 모든 '견적'은 무의미해집니다. 수만 명의 관중이 지르는 함성 속에서도, 우리는 오직 그 한 사람만을 보게 됩니다. 그가 공을 잡고 달릴 때, 우리는 그의 키가 몇인지, 콧대가 얼마나 높은지 따위는 까맣게 잊어버립니다. 대신 그 작은 거인이 뿜어내는 거대한 에너지에 압도당하고 맙니다.

저는 그것을 '아우라'라고 부릅니다. 그 압도감은 오차 없는 완벽한 비율에서 나오는 게 아니었습니다. 자신이 지금 어디에 서 있어야 하는지, 그리고 내 발끝에서 어떤 마법이 일어날지 스스로 완벽하게 확신하는 사람만이 가질 수 있는 '눈빛'에서 나오는 것이었죠. 과장된 표정도, 인위적인 몸짓도 없습니다. 그 고요한 눈빛 뒤에는 그가 평생을 바쳐 뒹굴었던 잔디밭의 시간과, 땀 냄새와, 수천 번의 실패와 성공이 층층이 쌓여 있습니다.

저는 그것을 '삶의 밀도'라고 부르고 싶습니다. 얼굴이라는 얇은 가죽 바로 뒷면, 그 사람이 살아온 치열한 시간들이 꽉 들어차 있을 때 배어 나오는 그 단단한 밀도 말입니다. 의사가 시술을 통해 생기를 넣을 수는 있어도, 이 삶의 밀도만큼은 결코 만들어낼 수가 없습니다.

그러고 보니 예전에 패션잡지 'VOGUE'에서 시골에 계신 할머니들을 인터뷰하고 촬영한 화보를 봤던 적이 있습니다. 할머니들은 그저 편안한 표정과 주름진 얼굴로 활짝 웃고 계신 모습이었습니다.

그런데 그 모습이 제 눈에는 그 어떤 명품 모델보다 더 아름다워 보였습니다. 한참 동안 그 사진을 들여다보며 생각했습니다. 도대체 이 깊이 있는 아름다움은 어디서 나오는 걸까. 제 결론은 하나였습니다. 그건 바로 그분들이 평생을 바쳐 켜켜이 쌓아 올린 '삶의 밀도'였습니다. 그분들의 얼굴에는 평생을 바쳐 건너온 삶의 애환과 희로애락(喜怒哀樂)이 고스란히 담겨 있었기 때문입니다. 억지로 꾸미거나 감추지 않고, 세월의 흐름을 온몸으로 받아낸 그 자연스러움이야말로 세상에서 가장 아름다운 얼굴이라는 것을, 할머니들의 주름진 미소가 증명하고 있었습니다.

의사인 저는 진료실에서 매일 수많은 얼굴을 마주하며 이 밀도의 차이를 실감합니다. 이목구비 하나하나는 정말 예쁜데

왠지 모르게 시선이 오래 머물지 않는 분이 있는가 하면, 뜯어보면 평범한데 대화를 나눌수록 자꾸만 보고 싶고 곁에 있고 싶어지는 분이 있습니다. 우리는 흔히 배우 유해진 씨를 보며 그런 느낌을 받죠. 그분을 보며 조각 미남이라고 말하는 사람은 없지만, 진짜 멋있다, 매력이 넘친다고 말하는 사람은 넘쳐납니다. 잡지 속 할머니들과 유해진 배우의 공통점은 무엇일까요? 저는 그것을 '에너지'라고 부릅니다.

외모는 정지 화면입니다. 아무리 예쁜 그림도 계속 걸어두면 익숙해지고 무뎌집니다. 하지만 에너지는 동영상입니다. 삶을 대하는 태도, 타인을 배려하는 말투, 유머러스한 여유, 그리고 자신의 일에 몰입할 때 나오는 진지함. 이 모든 것이 살아서 움직이며 상대를 끌어당깁니다. 잘생긴 얼굴은 시간이 지나면 주름이 지고 무너지는 우하향 곡선을 그리지만, 좋은 에너지를 가진 사람은 삶의 밀도가 채워질수록 그 깊이가 더해져 우상향 곡선을 그립니다. 늙는 것이 아니라 무르익는 것이 되는 셈이죠.

제가 잡지 속 할머니들의 얼굴에서 발견한 또 다른 아름다움은 바로 '얼굴의 여백'이었습니다. 무언가에 깊이 몰입해 있는 사람, 자신의 삶을 주도적으로 이끌어가는 사람의 얼굴에는 독특한 안정감이 있습니다. 욕심이나 불안으로 눈을 부릅 뜨지도 않고, 억지로 입꼬리를 올리려다 경련을 일으키지도 않습니다. 표정 근육이 물 흐르듯 자연스럽습니다. 동양화에서 여백이 있어야 그림이 숨을 쉬듯, 사람의 얼굴에도 여유로운 여백이 있어야 합니다. 내면이 불안한 사람은 그 여백을 견디지 못해 시술로 빵빵하게 채워 넣으려 하지만, 진짜 고수는 여백을 두려워하지 않습니다. 그 빈 공간 사이로 그 사람의 편안한 성품과 아우라가 흘러나오게 두는 것이죠.

많은 환자분들이 저를 보며 말씀하십니다. "원장님은 의사 선생님이시니까 어릴 때부터 자존감이 높고 당당하셨겠죠?" 그럴 때마다 저는 멋쩍게 웃으며 고개를 젓습니다. 잡지 속 할머니들의 주름이 하루아침에 만들어진 것이 아니듯, 저의 자존감 또한 하늘에서 뚝 떨어진 선물이 아니었으니까요. 의사가 되고 매일 밤잠을 설치며 공부하고, 떨리는 손을 진정시키며 환자분을 마주하던 시간들, 환자분의 고민을 해결해 주고 감사 인사를 듣던 순간들. 그 작은 성취의 벽돌들이 십수 년 동안 하나둘 쌓이면서 제 마음의 모양이 바뀌었습니다. 그때 깨달았습니다. 자존감은 타고나는 것이 아니라 내 삶의 현장에서 땀 흘리며 쌓아 가는 것이라는 사실을요.

가끔 저에게 진짜 섹시한 사람이 누구냐고 묻는 분들이 있습니다. 제가 생각하는 아름다움의 정의는 '자신을 과하게 혹사시키지 않고, 자신을 미워하지도 않으며, 그렇다고 인생을 대충 살지도 않는 태도'를 가진 사람입니다. 잡지 속 그 할머니들처럼 말이죠.

지금 거울을 보며 한숨 쉬고 계신가요? 코가 조금 더 높았으면, 눈이 조금 더 컸으면 하고 바라고 계신가요? 잠시 거울을 내려놓고, 사랑하는 일에 몰입해 보세요. 땀을 흘리고, 책을 읽고, 누군가에게 다정한 말을 건네보세요. 삶이 밀도 있게 채워지는 순간, 자존감은 그 어떤 성형수술, 시술보다 강력한 마법이 되어 당신의 얼굴을 가장 빛나게 만들어줄 것입니다. 메시가 그라운드 위에서 가장 찬란하게 빛나듯이, 할머니들이 품은 세월을 가장 자연스러운 얼굴로 보여주듯이, 당신도 당신 삶의 자리에서 가장 아름답습니다.

4부

당신을 위한
마음 처방전

01

남의 시선이라는 감옥에서
탈출하세요

하지만 우리는 종종 이 명백한 사실을 잊곤 합니다. 삶의 밀도를 채우는 일은 지루하고 더디게 느껴지는 반면, 전문가의 손길을 빌리면 단번에 마법 같은 변화가 일어날 거라는 환상에 빠지기 쉽기 때문입니다. 마음의 여백을 채우는 대신 얼굴의 여백을 채우려 하고, 일상의 태도를 바꾸는 대신 병원의 시술을 쇼핑하려 합니다.

오늘도 진료실의 문이 조심스럽게 열리고 환자분이 들어오십니다. 자리에 앉기도 전에 그분들의 눈빛은 벌써 저에게 질문을 던지고 있습니다. 그 눈빛 속에는 간절함과 불안함, 그리고 전문가인 제가 무언가 명쾌한 해답을 내려주길 바라는 맹목적인 믿음이 뒤섞여 있습니다. 상담이 시작되면 열에 아홉은 이렇게 물으십니다. "원장님, 제 피부가 좋아지려면 병원에 얼마나 자주 와야 하나요? 일주일에 한 번씩 꼬박꼬박 오면 연예인처럼 될 수 있을까요? 패키지로 끊으면 더 효과가 좋겠죠?"

그 질문을 들을 때마다 저는 마음 한구석이 묵직해짐을 느낍니다. 환자분들에게 병원은 마치 마법의 공간처럼 여겨지는 듯합니다. 문지방을 넘기만 하면, 비싼 기계 앞에 눕기만 하면, 지난 세월 망가진 피부가 단숨에 회복되고 빛나는 얼굴로 다시 태어날 수 있을 거라는 기대감. 지금의 자본주의 사회에서 병원 운영을 생각한다면 그 기대감에 부응해 "네, 자주 오실수록 좋습니다. 일주일에 두 번은 오셔야죠"라고 화답하는 것이 정답일지도 모릅니다. 하지만 저는 그 간절한 눈빛을 향해 찬물을 끼얹는 것 같아 미안한 마음을 꾹 누르며, 언제나처럼 단호하고도 솔직한 제 지론을 말씀드립니다.

"환자분, 죄송하지만 병원은 매일 청소를 하러 오는 곳이 아닙니다. 병원은 불이 났을 때 급하게 불을 끄러 오는 소방서

같은 곳이어야 합니다."

의외의 대답에 환자분의 눈이 동그랗게 커집니다. 피부 관리를 받으러 왔는데, 뜬금없이 소방서라니요. 하지만 이것은 제가 10년 넘게 의사 가운을 입고 수만 명의 환자를 만나며 확립한 흔들리지 않는 철학입니다.

생각해 보십시오. 우리 몸의 피부에 심각한 트러블이 생기거나, 감당할 수 없는 염증이 발생했을 때, 그것은 집에 불이 난 것과 같은 응급 상황입니다. 그럴 때는 당연히 119를 불러야 합니다. 병원에 와서 강력한 소화기인 전문적인 치료와 레이저 시술로 급한 불길을 잡아야 합니다. 이것은 전문가인 의사가 반드시 개입해야 하는 영역입니다. 하지만 문제는 불이 꺼진 다음입니다. 화마가 휩쓸고 간 자리에 남은 그을음을 닦아내고, 무너진 가구를 다시 배치하고, 매일매일 먼지를 털어내며 집을 깨끗하게 유지하는 '청소'와 '관리'는 누구의 몫일까요? 소방관이 불을 끄고 난 뒤에도 매일 그 집에 찾아와 빗자루질을 해주지는 않습니다. 그 집을 다시 살 만한 공간으로 가꾸고 유지하는 것은 온전히 집주인인 당신의 몫입니다. 그런데 많은 분들이 이 '청소'마저 소방관에게 맡기려 합니다.

시간을 한번 계산해볼까요. 당신이 한 달 동안 병원에 머무는 시간은 길어야 한두 시간 남짓입니다. 레이저를 쏘고 관리를 받는 그 짧은 시간을 제외하면, 나머지 약 700시간이 넘는 긴 시간은 집에서, 직장에서, 혹은 거리에서 보냅니다. 피부는 그 700시간 동안 먹는 음식, 바르는 화장품, 수면 습관, 스트레스, 자외선, 그리고 계절의 변화와 끊임없이 부딪히며 반응합니다. 그런데 그 99%의 시간은 방치해둔 채, 병원에서 보내는 고작 1%의 시간으로 피부가 드라마틱하게 좋아지기를 기대하는 것은 사실 어불성설입니다. 홈케어가 90이고, 병원 치료는 10에 불과합니다. 아니, 어쩌면 병원의 역할은 5가 채 되지 않을지도 모릅니다.

매일 소방서에 신고를 해야만 유지되는 집이 있다면, 그 집은 구조적으로 심각한 결함이 있는 집입니다. 마찬가지로, 매주 병원에 와서 의사의 손길을 거쳐야만 겨우 유지되는 피부는 결코 건강한 피부가 아닙니다. 제가 꿈꾸는 치료의 완성은, 환자분이 병원에 오지 않아도 스스로 빛나는 상태가 되는 것입니다. 의사 없이도 매일 아침 거울 앞에서 세수를 하며 "오늘 내 피부 꽤 괜찮네"라고 웃을 수 있는 자생력을 갖게 해드리는 것, 그것이 제가 지향하는 의술의 종착점입니다.

저는 종종 피부 미용 시술, 특히 스테로이드제와 같은 약물 치료를 '엄마의 손'에 비유하곤 합니다. 아기가 처음 세상에 태어나 걸음마를 뗄 때를 떠올려보세요. 다리에 힘이 없어 비틀거리고 자꾸만 넘어지려 합니다. 그때 엄마가 뒤에서 살짝 손을 잡아주거나 겨드랑이를 받쳐주면, 아기는 금세 중심을 잡고 아장아장 걸어갑니다.

스테로이드는 바로 그 엄마의 손과 같습니다. 염증으로 고통받는 피부가 스스로의 힘만으로는 도저히 회복하기 힘들 때, 잠시 부축해주고 일으켜 세워주는 명약입니다. 적절한 시기에 적절한 용량으로 사용하면, 넘어진 아이를 다시 뛰게 만드는 기적 같은 힘을 발휘합니다. 하지만 엄마가 언제까지나 아이의 손을 잡아줄 수는 없습니다. 아이가 다섯 살이 되고, 열 살이 되고, 스무 살이 넘었는데도 엄마 손을 잡지 않으면 한 발자국도 떼지 못한다면, 그것은 더 이상 사랑이 아니라 아이의 성장을 가로막는 족쇄가 됩니다. 아이는 스스로 넘어져도 보고, 무릎이 까져도 보고, 다시 털고 일어나는 과정을 통해 다리 근육을 키우고 균형 감각을 익혀야 합니다. 그래야 엄마가 없는 세상에서도 혼자 당당하게 걸어갈 수 있으니까요.

피부 관리도 이와 똑같습니다. 모든 결정과 관리를 의사에게 맡겨버리면 당장은 몸과 마음이 편합니다. 복잡하게 성분을 공부할 필요도 없고, 내 피부 상태를 예민하게 관찰할 필요도 없이 그저 의사가 시키는 대로, 병원이 권하는 대로 결제만 하면 되니까요.

하지만 그렇게 의존하는 순간, 당신은 내 피부의 '주인' 자리를 의사에게 뺏기게 됩니다. 내 피부가 무엇을 싫어하고 무엇을 좋아하는지, 어떤 계절에 예민해지고 어떤 컨디션일 때 트러블이 올라오는지 스스로 파악하고 대처하는 힘, 즉 '자생력'을 영영 잃어버리게 되는 것입니다. 이것은 앞서 언급했던 일종의 '의료 쇼핑' 중독으로 이어집니다. 스스로 해결할 능력이 없으니 조금만 문제가 생겨도 불안해하며 이 병원 저 병원을 기웃거립니다. "저 병원이 용하다더라", "이 시술이 요즘 유행이라더라" 하는 소문에 휩쓸려 내 피부에는 맞지도 않는 과도한 시술을 받게 되고, 결국 피부 장벽은 점점 더 얇아지고 예민해지는 악순환에 빠집니다.

의사는 당신의 피부 인생에서 잠시 스쳐 가는 '페이스메이커'일 뿐입니다. 42.195km라는 긴 마라톤을 완주해야 하는 선수는 바로 당신 자신입니다. 의사에게 운전대를 넘겨주지 마십시오. 서툴더라도, 때로는 길을 잃더라도 직접 핸들을 잡고 내 피부와 마음을 돌볼 줄 아는 주체적인 힘을 길러야 합니다.

02

저는 당신이 저를 필요로 하지 않을 때 가장 행복합니다

사실 앞서 다룬 저만의 철학을 가지고 병원을 운영하다 보니, 주변 의사 동료들이나 선후배들에게 "너는 참 특이하다", "돈 벌기 싫어서 작정했냐"는 핀잔을 귀에 딱지가 앉도록 듣습니다.

병원 경영의 입장에서만 보자면, 환자가 불안해할수록, 의사에게 의존할수록 수익은 늘어납니다. "관리 안 받으면 피부 다 무너집니다"라고 겁을 주고, 일주일에 한 번씩 오게 만들면 병원 매출 그래프가 우상향을 그립니다. 그런데 저는 자꾸 찾아오는 환자에게 "이제 그만 오셔도 됩니다", "집에서 팩 하시고 푹 주무세요", "이 시술은 환자분께 굳이 필요 없습니다"라고 돌려보내니, 남들 눈에는 장사할 줄 모르는 바보 같은 의사로 보일 만도 합니다.

심지어 병원이 좀 알려지자 대형 투자사나 MSO(병원경영지원회사)에서 거액의 투자를 하겠다고 찾아오기도 했습니다. 그들의 제안은 달콤했습니다. 병원을 더 크게 확장하고, 마케팅을 공격적으로 해서 기업처럼 키워보자는 것이었습니다. 하지만 저는 단칼에 거절했습니다.

투자를 받는 순간, 저는 의사가 아니라 '경영인'이 되어야 함을 알기 때문입니다. 투자자들의 수익을 맞춰주기 위해서는 불필요한 시술을 권해야 하고, 환자분들의 지갑을 열기 위해 공포 마케팅을 해야 하며, '불 끄러 오는 곳'이 아닌 '매일 청소비를 받는 곳'으로 병원을 변질시켜야 한다는 것을 너무나 잘 알기 때문입니다.

그 대신 저는 조금 무모하고, 어찌 보면 미련해 보이는 도전을 선택했습니다. 바로 환자분들이 병원에 오지 않는 그 99%의 시간까지 책임질 수 있는 '진짜 도구', 제 화장품 브랜드를 직접 만드는 일이었습니다.

왜 하필 브랜드 이름을 '코스모(우주)'라고 지었을까요? 매끈하기만 한 행성이 없듯, 상처 없는 삶도 없으니까요. 깨진 도자기를 금으로 메워 더 귀하게 여기는 '킨츠기'처럼, 당신의 흉터가 훼손이 아닌 고유한 무늬가 되기를 바라는 마음. 제가 만든 것은 단순한 화장품이 아니라, 그 마음을 전하기 위한 도구였습니다.

하지만 이런 제 진심과는 달리, 주위의 반응은 차가웠습니다. "의사가 진료나 잘 볼 것이지, 왜 딴짓을 하냐"는 비난부터 "결국 돈 독이 올랐구나" 하는 오해까지. "가운 입고 물건 파는 장사꾼"이라는 수군거림이 들려올 때면 저 역시 사람인지라 마음이 쓰리기도 했습니다.

그러나 제가 욕을 먹어가면서까지 이 길을 고집한 이유는 명확했습니다. 진료실에서 저는 매일 목격합니다. 얼굴의 작은 변화 하나가 한 사람의 표정을 바꾸고, 나아가 삶을 대하는 태도까지 긍정적으로 변화시킨다는 사실을요. 저는 그 기적 같은 '삶의 변화'가 비단 병원 침대 위에서만 일어나는 일이 아니기를 바랐습니다. 당신이 매일 아침저녁으로 마주하는 집 욕실 거울 앞에서도, 스스로를 돌보는 시간을 통해 그 변화를 경험하기를 간절히 원했습니다.

무엇보다 저를 움직인 결정적인 계기는 진료실에서의 안타까운 경험들이었습니다. 큰맘 먹고 귀한 시간을 내어 병원을 찾아오셨는데, 정작 피부 장벽이 너무 심하게 무너져 있어 아무런 시술도 해드릴 수 없는 분들이 계십니다. 기초 공사가 되어 있지 않은 땅에 건물을 올릴 수 없듯이, 장벽이 무너진 피부에 레이저를 쏘는 것은 치료가 아니라 고문이 될 수 있기 때문입니다.

"환자분, 지금은 레이저를 할 수가 없습니다. 피부가 쉴 수 있게 집에서 재생 관리부터 먼저 하시고, 장벽이 튼튼해지면 그때 다시 오세요."

먼 길을 오셨는데 빈손으로 돌려보내야 할 때, 실망한 표정으로 진료실을 나서는 뒷모습을 볼 때마다 의사로서 느끼는 죄송함과 무력감은 이루 말할 수 없었습니다. 환자분들이 헛걸음하지 않도록, 그리고 병원에 오기 전 기초 체력을 튼튼하게 만들 수 있도록 돕는 것이야말로 의사가 해야 할 또 다른 처방이라고 생각했습니다.

하지만 막상 시작해 보니 계산기를 두들겨 보면 애초에 해서는 안 되는 일이었습니다. 제가 고집하는 유효 성분의 농도와 배합을 맞추려다 보니, 시중의 일반적인 제조 방식으로는 도저히 단가를 맞출 수가 없었기 때문입니다. 특히 비타민 C 성분 하나를 제대로 안정화시키는 데만 꼬박 4년이 걸렸습니다. 연구원들과 밤을 새워가며 토론하고, 수백 번의 샘플을 만들고 버리기를 반복했습니다.

"원장님, 이 성분을 이만큼 넣으면 제형이 무너집니다. 게다가 이렇게 만들면 남는 게 없어요. 적당히 타협하시죠."

연구원들의 만류에도 저는 물러설 수 없었습니다. 그러자 주변에서는 "미련하게 굴지 말고 이름만 빌려줘라", "요즘은 공장에서 다 찍어낸다"며 혀를 찼지만, 스스로 그것을 납득할 수 없었습니다. 만약 이 결과물이 실패하거나 효과가 없다면, 저는 단순히 제품 하나를 못 판 게 아니라 십수 년간 쌓아 온 '의사'로서의 신뢰를 잃는 것이니까요. 그건 저에게 있어 가장 큰 공포였습니다. 그렇게 탄생한 결과물은 저에게 '상품'이 아니라, 진료실 밖에서도 환자를 돌보겠다는 제 '처방전의 연장'이었습니다.

왜냐고요? 제가 대신 수많은 시행착오를 겪었으니, 당신은 그 길을 돌아가지 않길 바랐기 때문입니다. 인터넷에 떠도는 검증되지 않은 정보나 과대광고에 속아 소중한 피부를 망치는 것을 더 이상 지켜만 보고 싶지 않았기 때문입니다.

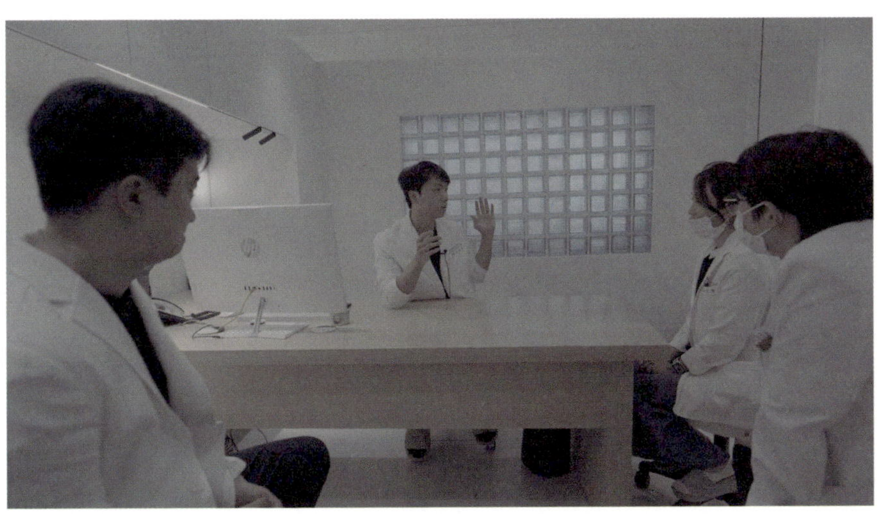

그리고 그 진심은 결국 통했습니다.

"원장님, 이제 병원에 자주 안 와도 피부가 편안해요." "집에서 관리하는 법을 알게 됐어요."

이런 이야기를 들을 때마다 저는 짜릿한 전율을 느낍니다. 그분이 의사에게 의존하지 않고 스스로 자생력을 회복했다는 가장 확실한 증거니까요. 환자분들이 저를 필요로 하지 않을 만큼 건강해지는 것, 그것이 제가 이 무모한 도전을 멈추지 않는 이유이자 제가 꿈꾸는 최고의 성적표입니다.

우리는 너무나 쉽게 남의 시선이라는 감옥에 갇혀 살아갑니다. 내 피부, 내 얼굴, 내 삶인데도 기준은 항상 밖에 있습니다. 친구가 울쎄라를 하면 나도 뒤처질세라 병원을 예약해야 할 것 같고, SNS에서 유행하는 스킨 부스터는 종류별로 다 맞아봐야 직성이 풀립니다.

하지만 남의 기준에 맞춰 피부 관리를 하는 것은, 남의 입맛에만 맞춰 내 저녁 메뉴를 고르는 것만큼이나 어리석고 위험한 일입니다. 남을 따라 하다 보면 마음은 늘 쫓기듯 불안하고, 피부는 나에게 맞지도 않는 과도한 시술로 인해 점점 더 예민해지고 얇아집니다. 기준이 외부에 있기 때문에 유행이 바뀔 때마다 갈대처럼 끊임없이 흔들릴 수밖에 없습니다.

반면, 자신을 위해 관리하는 사람은 다릅니다. 속도는 조금 느릴지 몰라도, 내 피부 상태에 귀 기울이며 나에게 맞는 방법을 차근차근 찾아갑니다. 그런 분들은 유행에 휩쓸리지 않습니다. '부화뇌동(附和雷同)'하지 않습니다. 남들이 다 좋다고 해도 내 피부가 거부하면 과감히 멈출 줄 알고, 남들이 다 하는 시술이라도 나에게 필요 없다면 받지 않을 용기가 있습니다. 진짜 관리는 남들에게 보여주기 위한 전시용 피부를 만드는 것이 아니라, 내가 나를 돌보고 있다는 감각, 그 충만한 자존감을 채우는 과정이어야 합니다.

이 글을 읽고, 이제부터 무의미한 의료 쇼핑을 멈추고 내 피부의 진정한 주인이 되기로 결심하셨다면, 오늘부터 딱 하나만 실천해 보십시오. 남들이 좋다고 하는 시술 후기를 검색하느라 밤을 새우는 대신, 거울 속의 내 민낯을 찬찬히, 그리고 다정하게 들여다보는 것입니다. 그리고 스스로에게 물어보세요.

"지금 내가 진짜로 원하는 건 뭐지? 남들에게 보여주기 위한 화려한 시술일까, 아니면 지친 나를 위로해 줄 충분한 휴식과 영양일까?"

그 작은 질문 하나가, 남의 시선이라는 감옥에서 탈출해

진짜 나를 만나는 위대한 첫걸음이 될 것입니다. 병원은 불이 났을 때만 오세요. 평소의 청소와 관리는, 당신의 따뜻한 손길 하나면 충분합니다. 당신은 이미 스스로를 치유할 힘을 가지고 있습니다.

03

오늘 밤, 거울 속의 나에게
수고했다고 말해주기

하지만 그 힘을 제대로 발휘하기 위해서는, 먼저 앞에서 간단히 말한 것처럼 매일 밤 욕실에서 치러지는 일종의 가혹한 의식부터 멈춰야 합니다. 하루의 모든 일과가 끝나고 집으로 돌아오면 우리는 가장 먼저 욕실로 향합니다. 화장을 지우고, 세수를 하고, 수건으로 물기를 닦아낸 뒤 습관처럼 거울 앞에 서죠. 그 적나라한 불빛 아래서 당신은 무엇을 보고 계신가요?

아마 대다수 분들은 무의식적으로 '결점'을 찾기 시작할 것입니다. 아침에는 보이지 않던 뽀루지가 올라왔는지, 눈가에 잔주름이 더 깊어지지는 않았는지, 코의 모공이 더 넓어지지는 않았는지. 마치 숨은그림찾기를 하듯 자신의 얼굴에서 마음에 들지 않는 구석들을 샅샅이 뒤집니다. 그러고는 깊은 한숨을 내쉬며 생각하죠. '아, 늙었다. 여긴 왜 이 모양이지? 내일은 또 어떻게 가리지?'

하지만 오늘부터는 당신의 그 밤 시간 거울 보기 습관을 조금 바꿔드리고 싶습니다. 의사로서, 그리고 당신보다 조금 더 먼저 수많은 얼굴을 들여다본 사람으로서 드리는 간곡한 부탁입니다. 오늘 밤만큼은 거울 속에서 '고쳐야 할 오답'을 찾지 말아주세요. 대신 하루라는, 치열한 사회에서 살아남아 무사히 귀환한, 지쳐 있지만 단단하게 빛나는 당신의 '눈동자'를 바라봐 주셨으면 합니다.

거울 속의 피곤한 얼굴은 부끄러워해야 할 관리 소홀의 증거가 아닙니다. 그것은 오늘 하루 상사의 질책을 견뎌내고, 고객의 불만을 들어주고, 가족을 위해 헌신하며 치열하게 버텨낸 당신의 자랑스러운 '훈장'이니까요. 우리가 거울을 보며 확인해야 할 것은 늘어진 모공이 아니라, 그 모공들이 숨 쉬며 버텨온 삶의 무게입니다. 결점 대신 눈동자를 바라보며 눈을 맞추는 순간, 거울은 심판대가 아니라 가장 따뜻한 위로의 공간으로 변할 것입니다. 이것이야말로 진짜 어른의 거울 보기이자, 무너진 자존감을 다시 세우는 첫 번째 단계입니다.

거울을 보며 습관적으로 내뱉는 '한숨'에 대해서도 의학적인 팁을 하나 드리고 싶습니다. 진료하다 보면 평소에 무표정이거나, 습관적으로 땅이 꺼져라 한숨을 쉬는 분들을 자주 봅니다. 마음이 답답해서 쉬는 한숨이겠지만, 의사의 눈에는 그 한숨이 얼굴을 망가뜨리는 주범으로 보여 안타까울 때가 많습니다. 우리 얼굴에는 수많은 근육이 존재하는데, 그중에서도 동안과 노안을 결정짓는 핵심은 바로 '중안부 근육'입니다. 광대뼈 주변을 감싸고 있는 이 근육들이 탄탄하게 위로 붙어 있어야 얼굴이 리프팅 되어 보이고 생기 있어 보입니다.

그런데 한숨을 쉬면 어떻게 될까요? "하아-" 하고 숨을 내뱉는 순간, 얼굴의 모든 근육은 중력의 방향으로 툭, 하고 떨어집니다. 입꼬리는 내려가고 볼살은 처지며, 미간에는 주름이 잡힙니다. 이것이 반복되면 우리 얼굴은 서서히 '울상'의 형태로 굳어집니다. 심술보가 생기고 하관이 무너지며, 전체적인 인상이 우울하고 화난 사람처럼 변해버리는 거죠.

반대로 웃는 표정을 지으면, 광대뼈 근육이 승강기처럼 피부를 위로 쫙 당겨 올려줍니다. 이것은 돈 한 푼 들지 않는 가장 강력한 리프팅 시술입니다. 억지로라도 웃으면 뇌는 즐겁다고 착각할 뿐만 아니라, 실제로 얼굴 근육이 리프팅 되는 방향으로 발달하게 됩니다. 팔 운동을 하면 이두박근이 나오듯, 얼굴 근육도 쓰는 방향으로 발달하니까요. 부정적인 한숨은 얼굴을 못생기게 만드는 습관이고, 긍정적인 미소는 얼굴을 예쁘게 만드는 습관입니다. 거울 속의 나를 보며 한숨을 쉬는 것은 가뜩이나 지친 내 얼굴을 벼랑 끝으로 밀어버리는 것과 같습니다. 그러니 거울 앞에서는 의식적으로라도 한숨을 꿀꺽 삼키고, 입꼬리를 살짝 올려보는 건 어떨까요? 그 작은 습관이 당신의 내일 아침 얼굴을 결정합니다.

세안을 마치고 거울과의 대화가 끝났다면, 이제는 하루 중 가장 중요한 일과인 '수면'을 준비할 차례입니다. 현대인들에게 잠은 사치처럼 느껴지기도 합니다. 넷플릭스를 봐야 하고, 유튜브를 봐야 하고, 밀린 웹툰을 봐야 하기에 잠자는 시간을 아까워하죠. "잠은 죽어서 자는 것이다"라는 말을 농담처럼 하기도 하고요. 하지만 의학적으로 잠은 선택이 아니라 생존을 위한 필수 조건이자, 유일한 '충전' 시간입니다.

우리는 휴대폰 배터리가 20%만 남아도 불안해하며 충전기를 찾습니다. 보조 배터리까지 챙겨 다니며 휴대폰이 방전되지 않도록 애지중지하죠. 그런데 정작 휴대폰보다 훨씬 더 복잡하고 소중한 '내 몸'과 '내 피부'가 방전되는 것에는 왜 그리 무심할까요? 하루 종일 쉼 없이 돌아간 우리 몸의 엔진을 끄고, 열을 식히고, 손상된 부품을 갈아 끼우는 유일한 시간이 바로 수면 시간입니다.

잠을 제대로 자지 못하면 우리 몸에서는 '코르티솔'이라는 스트레스 호르몬이 과다 분비됩니다. 이 호르몬은 피부에 치명적입니다. 피지 분비를 촉진해 트러블을 유발하고, 피부 장벽을 무너뜨려 건조증을 악화시킵니다. 또한 염증 반응을 일으켜 얼굴을 붓게 만들고 붉은 기를 만듭니다. 제가 아무리 좋은 레이저 시술을 해드리고 비싼 앰플을 처방해 드려도, 환자분이 잠을 자지 않으면 그 효과는 절반, 아니 그 이하로 떨어집니다. "미인은 잠꾸러기"라는 옛말은 100% 의학적인 사실입니다. 잠을 잘 자야 호르몬 분비가 촉진되고, 세포가 재생되며, 피부가 맑아지니까요. 잠은 공짜로 받을 수 있는 최고의 피부 관리이자, 마음의 치료제입니다.

하지만 안타깝게도 불면의 밤을 보내는 분들이 너무나 많습니다. 생각이 많아서, 불안해서, 혹은 스마트폰의 블루라이

트에 뇌가 각성되어서 잠들지 못합니다. 머리로는 폰을 멀리해야 한다는 걸 알면서도, 막상 잠이 오지 않으면 불안한 마음에 다시 스마트폰 불빛에 의지하게 되는 악순환이죠.

저도 그런 시절이 있었습니다. 그렇게 잠 못 들어 뒤척이다가 우연히 유튜브에서 '전생 체험' 영상을 보게 된 적이 있습니다. 최면을 통해 전생을 보게 해준다는 영상이었는데, 댓글 창을 보고 가슴이 먹먹해졌습니다. "전생이고 뭐고 강을 건너라는데 건너기 전에 잠들어서 너무 행복하다", "수면 치료를 받아도 안 됐는데 이 영상 보고 처음으로 꿀잠을 잤다"는 간증들이 넘쳐났습니다. 베스트 댓글에는 "여기에 이렇게 많은 사람이 잠들지 못해 모여 있다는 사실이 마음 아프다"는 글이 있더군요.

현대인들이 얼마나 잠에 굶주려 있는지, 편안한 휴식에 목말라 있는지를 보여주는 서글픈 단면입니다. 만약 불면증에 시달리고 있다면, 유튜브에서 빗소리를 듣든, 명상 가이드를 듣든, 아니면 전생 체험 영상을 틀어놓든, 잠들게 하는 모든 방법을 동원해보세요. 오늘 밤의 숙면을 위해 투자하는 것은 결코 아까운 시간이 아닙니다. 그것은 내일의 나를 살리기 위한 가장 시급한 구조 활동입니다.

잠들기 전, 침대에 누워 눈을 감았을 때 밀려오는 불안감이 있다면 제가 썼던 방법을 조심스럽게 추천해 드리고 싶습니다. 저도 한때는 자존감이 낮고, 내일이 오는 것이 두려워 잠 못 이루던 시절이 있었습니다. 그때 제가 스스로를 치유하기 위해 썼던 방법은 '나를 3인칭으로 바라보는 연습'이었습니다. 심리학에서는 이를 '메타인지'라고도 하지만, 그때는 그런 거창한 용어는 몰랐습니다. 그저 나를 나와 분리해서, 마치 가장 친한 친구를 바라보듯 대하는 연습이었습니다.

공부하던 시절, 저는 매일 밤 수첩을 펴고 '상욱이'에게 편지를 썼습니다. "상욱아, 오늘 정말 고생 많았다. 아까 그 문제 틀려서 속상했지? 그래도 끝까지 포기하지 않고 다시 푼 건 정말 잘한 일이야. 너는 꽤 괜찮은 녀석이야. 내일도 잘할 수 있을 거야."

처음에는 낯간지럽고 어색했습니다. 하지만 매일 밤, 제3자의 시선으로 저의 하루를 복기하며 잘한 일을 찾아 칭찬해주고, 부족한 점은 따뜻하게 다독여주다 보니 놀라운 변화가 생겼습니다. 무의식중에 저 자신을 사랑하게 된 것입니다. '나는 꽤 노력하는 사람이구나', '나는 작은 성취를 쌓아 가는 사람이구나'라는 믿음이 생기면서 불안이 사라지고 마음이 편안해졌습니다. 1년 뒤, 제가 쓴 그 수첩들을 다시 읽어보았을 때 느꼈던 뭉클함은 지금도 잊을 수 없습니다.

우리는 남에게는 칭찬에 후하면서, 정작 나 자신에게는 너무나 인색합니다. 남이 실수하면 "그럴 수도 있지"라고 위로하면서, 내가 실수하면 "넌 왜 그 모양이니"라고 채찍질하죠. 오늘 밤부터는 그 채찍을 내려놓고, 따뜻한 솜이불을 덮어주셨으면 합니다. 거창한 일기가 아니어도 좋습니다. 머리맡에 작은 메모지를 두고, 오늘 하루 내가 잘한 일, 버텨낸 일, 사소하지만 칭찬받아 마땅한 일들을 딱 세 가지만 적어보세요.

"오늘 상사한테 깨졌어도 꾹 참고 웃으며 넘겼어. 대단해." "점심에 샐러드 먹으며 건강 챙겼어. 아주 잘했어." "피곤한데도 세수 꼼꼼히 하고 누웠어. 기특해."

이 작은 칭찬들이 모여 자존감이라는 단단한 둑을 만듭니다. 낮 동안 세상의 시선과 평가에 깎여나간 내 마음을 다시 채워 넣는 작업입니다. 잠들기 직전, 우리가 들어야 할 마지막 목소리는 스마트폰 속 타인의 소음이 아니라, "오늘도 수고했다"는 나 자신의 다정한 위로여야 하니까요.

이제 불을 끄고 이불을 덮습니다. 어둠 속에서 눈을 감고 상상해 보세요. 오늘 하루, 동분서주하며 뛰어다니느라 붉게 달아오른 당신의 몸과 마음이 서서히 식어가고 있습니다. 충전기에 꽂힌 휴대폰처럼, 세포 하나하나가 새로운 에너지로 차오르고 있습니다. 거울 속의 눈동자를 기억하세요. 그 눈동자는 오늘 하루를 온전히 살아낸 스스로의 영혼입니다. 결점이 아닌 빛을 바라봐 준 자신에게, 내일 아침 거울은 분명 더 맑고 환한 얼굴로 화답할 것입니다.

"오늘도 정말 고생 많았습니다. 그리고 참, 잘했습니다."

이 한마디가 오늘 밤 당신을 위한 최고의 처방전입니다. 부디 오늘 밤은 아무 걱정 없이, 깊고 편안한 잠에 드시기를 바랍니다. 당신의 내일은 오늘보다 조금 더 단단하고 아름다울 테니까요.

04

비교하지 마세요,
당신은 당신 자체로 하나의 작품입니다

우리는 종종 '작품Masterpiece'과 '상품Product'을 헷갈려하곤 합니다. 백화점 진열대를 한번 떠올려보세요. 그곳에 놓인 수만 개의 물건은 모두 똑같은 모양, 똑같은 기능을 하도록 설계되어 있습니다. 하나가 망가지면 언제든 새것으로 바꿀 수 있는, 말 그대로 '상품'들이죠.

하지만 미술관에 걸린 그림이나 박물관의 오래된 도자기는 어떤가요? 세상에 단 하나뿐입니다. 작가의 고유한 붓터치, 그 시절의 공기, 그리고 긴 세월을 버텨온 이야기가 담겨 있어서 누구도 대신할 수 없는 '작품'이라 부릅니다.

그런데 요즘 거리를 걷다 보면 참 안타까운 마음이 들 때가 많아요. 자신의 얼굴을 세상에 하나뿐인 작품이 아니라, 유행에 따라 찍어내는 상품처럼 대하는 분들이 너무 많이 보이거든요. 강남역 언덕길을 오르다 보면 마치 같은 공장에서 나온 듯 비슷한 눈매, 비슷한 코 라인, 비슷한 턱선을 가진 분들이 스쳐 지나가곤 합니다. 제 눈에는 그분들의 표정이 왠지 모르게 불안해 보였습니다. '남들보다 조금이라도 뒤처지면 안 돼', '유행하는 신상 얼굴을 갖지 못하면 도태될 거야'라는 두려움이 그들의 얼굴을 똑같이 만들고 있는 건 아닐까요?

그래서 의사로서, 그리고 먼저 인생을 살아가는 한 사람으로서 꼭 말씀드리고 싶었어요. 이제 부디 남들과 비교하지 않으셨으면 좋겠습니다. 당신은 공장에서 찍어낸 상품이 아니니까요. 당신만의 고유한 이야기와 분위기를 지닌, 이 세상에 단 하나뿐인 귀한 작품이니까요.

그러니 남들의 속도에 맞추려 너무 애쓰지 말고, 남들의 기준에 내 얼굴을 억지로 끼워 맞추지도 마세요. 타인의 시선에 휩쓸려 따라가는 삶은 결국 '나 자신'을 잃어버리는 지름길이 될 뿐이거든요. 제가 이렇게 확신을 갖고 말씀드리는 이유는 간단해요. 저 역시 남들이 가지 않는 길을 걸으며 끊임없이 비교하고 흔들렸던 시간이 있었기 때문입니다. 하지만 결국 저만의 기준을 세우고 나서야, 비로소 진짜 자유를 만날 수 있었답니다.

저의 지난날을 다시 이야기 드리자면, 저 역시 의사 사회의 전형적인 코스, 즉 '정답'이라 불리는 길 앞에서 고민했던 적이 있습니다. 저는 종종 이야기했던 것처럼 원래 내과 의사를 지망하던 청년이었습니다. 하지만 수련 과정에서 피부 미용이라는 세계에 눈을 뜨게 되었고, 진로를 그쪽으로 틀기로 결심했습니다. 그때 제 주변의 반응은 걱정을 넘어선 만류였습니다. 특히 가족들 대부분이 의사였기에 그 우려가 더 컸습니다.

"한국 사회에서 의사로 살아남으려면 반드시 전문의 자격증이 있어야 한다. 전문의를 따지 않고 바로 미용 시장에 뛰어드는 건 너무 리스크가 크다. 다시 생각해라."

가족들의 말은 틀린 말이 아니었습니다. 안정적인 전문의의 길을 포기하고, 정글 같은 개원가로, 그것도 전문의 제도가 따로 없는 미용 의학 분야로 뛰어든다는 것은 맨몸으로 파도에 맞서는 것과 같았습니다. 저라고 흔들리지 않았을까요. 동기들이 대학병원에서 전문의 타이틀을 달고 안정적인 궤도에 오르는 모습을 보며 불안감이 엄습하기도 했습니다.

하지만 저는 생각했습니다. 피부 질환을 다루는 것은 전문의의 영역일지 몰라도, 사람을 아름답게 만드는 '에스테틱'의 영역은 자격이 아니라 '경험'과 '감각', 그리고 끊임없는 '공부'가 결정하는 새로운 개척지라고 말입니다. 남들이 닦아 놓은 길을 걷는 대신, 나만의 길을 개척해 보자. 이왕 이 길로 들어선 거, 남들이 쉽게 하는 보톡스나 필러 같은, 게임으로 치면 1단계 스테이지에 머무르지 말고, 피부과 전문의들도 가장 어려워하고 기피하는 '최종 보스'를 잡아보자. 그것이 바로 '색소Pigmentation' 치료였습니다.

기미, 잡티, 오타모반 같은 난치성 색소 질환은 환자마다 피부 타입이 다르고, 생활 습관이 다르고, 호르몬의 영향까지 받기 때문에 치료가 매우 까다롭습니다. 자칫 잘못하면 더 진해지거나 부작용이 생기기 십상이라 다들 건드리기 꺼려하는 영역이었습니다. 저는 오기가 생겼습니다. "그래, 나는 간판이 없으니 실력으로 끝판왕이 되어보자. 다들 해결 못 하는 색소를 내가 정복해 보겠다."

그때부터 저는 미친 듯이 파고들었습니다. 환자 한 분 한

분의 피부를 관찰하고, 수만 번 레이저 샷을 쏘며 저만의 데이터를 쌓았습니다. 남들이 "그건 안 돼", "위험해"라고 할 때, 저는 "왜 안 될까?", "어떻게 하면 될까?"를 고민하며 저만의 줏대를 세워나갔습니다. 그 과정은 외롭고 고단했습니다. 하지만 시간이 흐르자 놀라운 일이 벌어졌습니다. 대학병원 교수님들이나 피부과 전문의 선생님들이 "이 환자는 색소가 너무 까다로워서 대학병원에서도 힘드니, 그쪽으로 가보라"며 저에게 환자를 보내주기 시작한 것입니다. 제도권 안의 권위자들에게 실력을 인정받았을 때의 그 짜릿함은 이루 말할 수 없었습니다. 만약 제가 그때 가족들의 걱정에 흔들려 남들이 다 가는 길을 선택했다면, 혹은 남들과 비교하며 "나는 전문의가 아니니까 안 될 거야"라고 미리 포기했다면, 지금의 '색소 끝판왕'이라는 칭호는 얻지 못했을 것입니다.

병원을 운영하는 과정에서도 저의 '줏대'는 끊임없이 시험대에 올랐습니다. 병원도 결국 수익을 내야 운영이 되는 곳입니다. 하지만 저는 수익보다 환자의 상태를 우선시하는, 경영학적으로 보면 '낙제점'에 가까운 원칙을 고수했습니다. 환자의 피부 상태가 시술을 받을 준비가 안 되어 있으면 "오늘 그냥 가세요"라고 돌려보내고, 티켓팅한 시술이라도 지금 필요 없으면 과감히 패스했습니다. 반대로, 환자에게 꼭 필요한 치료라면 메뉴판에 없는 서비스라도 시간을 들여 꼼꼼하게 해 드렸습니다. 그러자 병원 내부에서부터 불만이 터져 나왔습니다. 병원 내 행정팀에서 저를 찾아와 하소연했습니다.

"원장님, 이렇게 퍼주시면 병원 망합니다. 회전율도 생각하셔야죠. 왜 굳이 안 해도 될 걸 서비스로 해주셔서 시간을 끄십니까?"

직원들의 말도 맞습니다. 병원도 월급을 줘야 하고, 임대료를 내야 하니까요. 끊임없는 갈등이 있었습니다. 하지만 저는 타협하지 않았습니다. "매출도 중요하지만, 병원의 '결'을 만드는 건 나다. 나는 내 환자가 이 병원을 나갔을 때, 단순히 시술 하나 받은 게 아니라 '삶이 좀 더 좋아졌다'고 느끼길 바란다. 그 신뢰가 쌓이면 결국 병원은 망하지 않는다."

저는 고집스럽게 그 기준을 밀고 나갔습니다. 처음에는 답답해하던 직원들도 이제는 포기 반, 존경 반으로 저의 철학을 따라와 주고 있습니다. 그리고 결과적으로 그 '미련한 줏대'가 옳았습니다. 환자분들은 귀신같이 압니다. 이 의사가 내 지갑을 보는지, 내 피부를 보는지를요. 당장의 매출을 포기하고 쌓아 올린 신뢰는, 어떤 마케팅으로도 살 수 없는 단단한 충성도가 되어 돌아왔습니다.

제가 제 경험담을 이렇게 길게 말씀드리는 이유는 단 하나입니다. 의사인 저도 끊임없이 비교하고 흔들렸던, 지극히 평범한 사람이었다는 걸 고백하고 싶어서죠. 하물며 아름다움의 기준이 초 단위로 바뀌는 SNS 세상을 사는 당신의 마음은 오죽할까요. 인스타그램을 켜면 나보다 예쁘고, 나보다 행복해 보이는 사람들이 쏟아지는데, 그들을 보며 "내 얼굴은 왜 이럴까?", "저 시술을 받으면 나도 저렇게 될까?" 하며 자꾸만 작아지는 기분, 저도 너무나 잘 압니다.

하지만 당신이 '작품'이라는 단어의 진짜 의미를 다시 한 번 생각해 봤으면 좋겠습니다. 루브르 박물관의 큐레이터들이 '모나리자'를 어떻게 관리할까요? "요즘은 눈썹 진한 게 유행이니 모나리자에게 눈썹 문신을 해줍시다"라고 할까요? 아니면 "요즘은 브이라인이 대세니 턱을 좀 깎아냅시다"라고 할까요?

절대 그렇지 않습니다. 큐레이터의 역할은 명작 위에 덧칠해서 다른 그림으로 바꾸는 게 아니라, 세월의 먼지를 닦아내고 그림이 가진 고유의 색감이 바래지 않도록 보존하고 복원하는 것입니다. 그 그림이 가진 붓터치 하나, 미세한 균열 하나까지도 그 작품만의 역사이자 정체성이니까요.

그런데 안타깝게도 우리는 스스로를 명작의 주인이 아닌, 가혹한 비평가처럼 대할 때가 많은 것 같습니다. 내 얼굴이 가진 고유한 선과 분위기를 발견하려 하기보다, 남들이 좋다는 유행의 붓을 들고 내 얼굴 위에 덕지덕지 덧칠을 하려 합니다. 남의 눈, 남의 코, 남의 피붓결을 흉내 내려는 순간, 당신이라는 고유한 원본은 사라지고 어디서 본 듯한 모조품만 남게 되는 겁니다. 미술계에서 가장 가치 없는 것이 바로 남을 베낀 위작이듯이, 우리 얼굴도 마찬가지 아닐까요?

저는 의사로서 당신에게 약속드리고 싶습니다. 저는 당신의 얼굴과 피부를 전혀 다른 사람으로 만드는 '기술자'가 되고 싶지 않아요. 대신 당신이 삶의 현장에서 치열하게 사느라 잃어버린 빛을 되찾아주고, 세월의 먼지를 닦아내어 본연의 아름다움을 드러내 주는 작품의 복원가가 되고 싶습니다.

그러니 당신도 스스로를 대하는 태도를 조금만 바꿔주세요. 거울 앞에서 "여기가 마음에 안 들어"라고 탓하기보다, 명작을 감상하듯 찬찬히 들여다봐 주세요. "내 눈매는 화려하진 않지만 동양적인 여백이 있어." "내 입술은 얇지만 웃을 때 올라가는 라인이 참 우아해." 하고 말이죠.

누구와도 비교할 필요 없습니다. 고흐의 그림이 피카소의 그림을 부러워하지 않듯, 당신은 당신만의 화풍과 색채를 가진 유일무이한 세계니까요. 명작은 덧칠할수록 가치가 떨어지고, 보존할수록 가치가 빛나는 법입니다. 당신은 세상에 단 하나뿐인 걸작입니다. 그러니 부디, 그 귀한 작품에 함부로 손대거나 남의 색을 입혀 가치를 훼손하지 말아 주세요. 이미 당신은 있는 그대로 충분히, 그리고 넘치도록 아름답습니다.

05

우리의 얼굴에는
'정답'이 없습니다

하지만 이렇게 말씀드려도, 여전히 마음 한구석에는 불안함이 남아있을 겁니다. 우리가 사는 세상은 끊임없이 '미의 정답'이 존재한다고 가르치니까요. 그 대표적인 예가 바로 '황금비율'이라는 신화입니다.

레오나르도 다 빈치의 비트루비우스적 인간에서 유래했다는 1 : 1.618의 비율. 고대 신전에서나 쓰이던 이 숫자가 살아있는 사람의 얼굴에도 적용되는 절대적인 아름다움의 공식이라고 우리는 믿어왔습니다. 그래서 병원에 와서 필러로 꺼진 곳을 채우고 리프팅으로 처진 곳을 당겨서라도 그 숫자를 맞추려고 애를 씁니다.

실제로 미국의 구강악안면외과 의사였던 스티븐 마퀘트 박사는 이 황금비율에 지독하게 매료된 사람이었습니다. 그는 수학적으로 완벽한 미의 기준을 찾기 위해 1 : 1.618의 비율을 얼굴에 적용하여 만든 '마퀘트 마스크'라는 가상의 틀을 개발했습니다. 그리고 궁금했습니다. 과연 이 완벽한 틀에 사람의 얼굴을 맞추면 얼마나 아름다울까.

수많은 의사와 연구자들이 호기심을 가지고 실험에 뛰어들었습니다. 국경을 초월해 세기의 미녀라 불리는 배우들, 시대를 풍미한 모델들의 얼굴을 이 마스크에 대입해 보았습니다. 피부의 볼륨, 턱선의 각도, 입술의 두께를 황금비율로 재조정한 것이죠.

결과가 어땠을까요. 수학적으로 완벽하니 눈이 부시게 아름다운 천상의 얼굴이 나왔을까요. 아닙니다. 모니터에 뜬 결과물을 본 사람들은 아름다움보다는 기이한 위화감을 먼저 느꼈습니다. 절세 미녀들의 얼굴이 마치 공장에서 찍어낸 것처럼 변해버린 것입니다. 분명 잡티 하나 없고 비율은 흠잡을 데 없이 완벽한데 생명력이 느껴지지 않았습니다. 어디선가

본 듯한 흔한 얼굴, 감정이 거세된 차가운 로봇의 얼굴이었죠.

우리는 이것을 심리학 용어로 '불쾌한 골짜기'라고 부릅니다. 인간을 닮았지만 인간이 아닌 존재를 볼 때 느끼는 본능적인 거부감입니다. 컴퓨터가 만들어낸 완벽한 비율이 실제로는 사람의 마음을 끄는 힘이 전혀 없다는 것, 오히려 인간미를 삭제해 버린다는 것이 증명된 셈입니다. 역설적이게도 완벽함은 아름다움의 동의어가 아니라 지루함 혹은 기괴함의 동의어였습니다.

그렇다면 우리가 누군가를 보고 "와, 진짜 매력 있다", "계속 보고 싶다"라고 느끼는 순간은 언제일까요. 의학적으로나 심리학적으로나 그 답은 동일합니다. 바로 그 사람의 얼굴에서 완벽한 비율이 깨지는 순간, 예상치 못한 의외의 파격이 발견될 때입니다.

매끈한 벽에는 그림을 걸 수 없습니다. 못이 튀어나와 있거나 홈이 파여 있어야 무언가를 걸 수 있죠. 사람의 매력도 마찬가지입니다. 툭 튀어나오거나 푹 파인 틈이 있어야 타인의 시선이 그곳에 걸리고 감정이 싹트게 됩니다.

우리가 미의 대명사라고 칭송하는 배우들을 떠올려보세요. 투명하고 깨끗한 피부가 미덕인 기준에서 본다면 코끝에 선명하게 찍힌 점은 분명 제거해야 할 오점입니다. 기준대로라면 레이저로 지워야 마땅하죠. 하지만 아이러니하게도 그 점은 그녀를 그 누구와도 헷갈리지 않게 만드는 가장 강력한 고유의 시그니처가 되었습니다. 만약 데뷔 초에 그 점을 뺐다면 어땠을까요. 그 점이 전부는 아니겠지만, 피부 좋은 배우는 되었을지 몰라도 지금처럼 매력으로 기억에 남는 배우는 되지 못했을 겁니다.

또 다른 예도 있습니다. 쌍꺼풀 없이 동양적인 눈매로 사랑받는 배우들을 생각해보세요. 서구적인 미의 기준인 1 : 1.618 비율이나 크고 진한 아웃라인 쌍꺼풀 공식에는 전혀 맞지 않는 눈입니다. 하지만 그 맑고 긴 눈매가 웃을 때 반달처럼 휘어지는 순간 우리는 그 무해한 미소 앞에 무장해제되고 맙니다. 그 눈이 주는 매력은 크기가 아니라 곡선에 있었고, 화려함이 아니라 순수함에 있었기 때문입니다. 만약 유행을 좇아 앞트임을 하고 쌍꺼풀을 만들어 비율을 맞췄다면 지금과 같은 대체 불가능한 아우라를 가질 수 있었을까요.

이처럼 사람의 눈은 완벽한 도형을 볼 때는 금방 흥미를 잃고 지나가지만, 약간의 불균형이나 독특한 특징이 있을 때는 그곳에 시선이 멈추고 이야기를 상상하게 됩니다. 즉 당신의 얼굴에서 황금비율과 맞지 않는 그 부분이 당신을 못생겨 보이게 만드는 단점이 아니라, 당신을 자신답게 만드는 브랜 드 로고이자 시그니처라는 뜻입니다.

그러니 당신, 제발 오늘 밤부터는 자를 들고 거울 앞에 서 지 마셨으면 합니다. 당신의 얼굴은 풀어야 할 수학 문제가 아 닙니다. 100점짜리 정답을 맞춰야 하는 시험지도 아닙니다. 오히려 그 비율에서 과감하게 벗어나세요. 점이 있으면 어떻 고 주근깨가 있으면 어떻습니까. 그게 다 살아온 시간의 흔적 이자 당신만의 고유한 무늬인 것을요. 수학 공식으로는 절대 계산해낼 수 없는 그 불규칙한 매력들이 모여 살아 숨 쉬는 '당신'이라는 고유한 분위기를 완성합니다.

기계로 찍어낸 공산품은 오차가 불량품이지만, 손으로 빚 은 예술품은 오차가 곧 그 작가의 손맛이자 예술성입니다. 1 : 1.618의 황금비율보다 훨씬 더 아름다운 비율은 당신의 편안 한 웃음과 당신의 여유로운 태도가 만들어내는 행복의 비율 뿐입니다.

부디 당신의 얼굴에 깃든 그 자유로운 파격을 사랑해 주세 요. 정답이 없기에 당신의 얼굴은 그 자체로 무한한 가능성입 니다.

시들지 않는 꽃은
조화뿐입니다

하지만 이 '정답이 없다'는 사실은 비단 눈코입의 모양이나 배치, 피부에만 적용되는 것이 아닙니다. 우리가 얼굴이라는 공간에 대한 강박에서 벗어났다면 이제는 그 얼굴 위로 공평하게 흐르는 '시간'에 대한 강박에서도 자유로워져야 합니다. 많은 분이 아름다움의 유효기간을 20대까지로 한정 짓고, 나이 드는 것을 낡아가는 과정이라 여기며 두려워합니다. 하지만 자연의 섭리를 거스르지 않는 진정한 아름다움은 숫자가 아닌 '계절'을 따르는 법입니다.

제가 병원 인테리어와 로고에 '꽃잎'을 형상화하고, '다시 피어난다'는 철학을 담은 이유도 여기에 있습니다. 꽃은 공산품처럼 똑같이 생기지 않았습니다. 저마다 피어나는 시기도, 모양도, 색깔도 다릅니다. 어떤 꽃은 봄에 화려하게 피지만, 어떤 꽃은 찬바람이 부는 가을에, 심지어는 눈 내리는 겨울을 뚫고 피어나기도 합니다. 10대의 아름다움이 싱그러운 봉오리라면, 30대의 아름다움은 활짝 핀 장미와 같고, 50대와 60대의 아름다움은 깊은 향기를 머금은 국화와 같습니다. 그런데 많은 분들이 20대의 외형만을 '정답'으로 정해놓고, 50대가 되어서도 20대의 얼굴을 가지려 애씁니다. 그것은 가을에 핀 국화에게 "왜 너는 봄의 튤립처럼 생기지 않았니?"라고 다그치는 것과 같습니다.

가장 힘든 시기에 웅크렸던 구근이 혹독한 겨울을 버텨내고 마침내 꽃망울을 터뜨리듯, 우리 인생의 모든 시기는 저마다의 절정을 품고 있습니다. 오늘이 내 남은 생에 가장 젊은 날일지는 몰라도, 내일은 내일의 깊이만큼 더 예뻐질 수 있고, 모레는 그만큼 더 우아해질 수 있다는 믿음. "너 정말 잘 버텼다, 잘해냈다, 언제든 다시 피어날 수 있다." 저는 저를 찾아오는 모든 분들에게 이 위로와 희망을 전하고 싶습니다. 진정한 관리는 시간을 되돌려 20대로 돌아가는 것이 아니라, 지금 내 나이인 50대, 60대에 만개할 수 있는 나만의 아름다움을 찾아주는 과정이어야 합니다.

물론, 저 역시 거울을 보며 세월의 무게를 실감하는 순간들이 있습니다. 예전에는 자고 일어나면 금세 사라지던 얼굴의 베개 자국이 점심시간이 될 때까지도 선명하게 남아있을 때, 혹은 중학생 때 여드름 치료를 받으러 왔던 앳된 소년이 어느새 훤칠한 청년이 되어 "원장님, 저 군대 갑니다"라고 인사하러 올 때, 저는 문득 멈칫하게 됩니다. '아, 시간이 이렇게나 흘렀구나. 나도 이제 늙어가는구나.' 피로가 예전처럼 쉽게 풀리지 않고, 몸 여기저기가 삐걱거리는 신호를 보낼 때면 의사인 저조차도 인간적인 서글픔을 느낍니다.

하지만 저는 그 감정을 우울함으로 연결하지 않으려 노력합니다. 대신 제 마음속에 있는 '10달러 지폐'의 이야기를 꺼내 듭니다.

유명한 일화가 있습니다. 어느 교수가 학생들 앞에서 빳빳한 10달러 지폐를 보여주며 묻습니다. "이 돈을 가지고 싶은 사람?" 학생들이 손을 듭니다. 교수는 그 지폐를 마구 구기고 짓이긴 다음 다시 묻습니다. "아직도 이 돈을 가지고 싶습니까?" 학생들은 여전히 손을 듭니다. 교수는 마지막으로 그 지폐를 바닥에 던지고 발로 짓밟아 먼지 투성이로 만든 뒤 묻습니다. "그래도 원합니까?" 학생들은 그렇다고 대답합니다.

왜일까요? 아무리 구겨지고 더러워져도 10달러라는 '가치'는 변하지 않았기 때문입니다. 우리 인생도 마찬가지입니다. 세월의 풍파를 맞아 얼굴에 주름이 지고, 피부가 처지고, 때로는 실패와 좌절로 마음이 구겨질 수도 있습니다. 하지만 그렇다고 해서 '나'라는 사람의 본질적인 가치가 떨어지는 것은 아닙니다. 오히려 그 구겨짐 속에는 삶을 살아낸 치열한 흔적이 훈장처럼 배어 있습니다.

많은 분들이 나이 드는 것을 굳이 티 내고 싶어 하지 않습니다. 가능하다면 피하고 싶은 마음이 더 크겠지요. 하지만 그러다 보니 어떻게든 그 흔적을 지우기 위해 무리한 시술을 감행하게 됩니다. 저는 이것을 약물 치료에서의 '연쇄 반응'에 비유하곤 합니다. 우리 몸은 코스모스Cosmos, 즉 거대한 우주처럼 모든 것이 유기적으로 연결되어 있습니다. 그런데 단편적인 증상 하나를 잡겠다고 약을 쓰면, 그 약의 부작용 때문에 또 다른 약을 써야 하는 악순환이 발생합니다. 예를 들어, 진통소염제를 과다하게 장기 복용해서 혈압이 오르면 혈압약을 먹고, 혈압약 때문에 몸이 부으면 이뇨제를 먹고, 이뇨제 때문에 전해질 불균형이 오면 또 다른 약을 먹는 식입니다.

미용 시술도 똑같습니다. 이마의 주름 하나가 싫어서 보톡스와 필러를 과하게 맞으면, 이마는 팽팽해지지만 눈꺼풀이 무거워져 인상이 사나워집니다. 팔자주름이 보기 싫다고 필러를 두껍게 채워 넣으면, 주름은 펴지지만 입 주변이 툭 튀어나와 보입니다. 그게 어색해서 앞볼까지 빵빵하게 채우면, 이번에는 웃을 때 광대살이 밀려 올라가 멀쩡하던 눈이 작아지고 파묻혀 버립니다. 하나를 얻으려다 전체의 밸런스라는 우주를 무너뜨리는 것입니다. 욕심에는 끝이 없고, 그 끝은 결국 누구인지 알아볼 수 없는 부자연스러운 얼굴뿐입니다.

그래서 저는 감히 말씀드립니다. 노화와 절교하려 하지 말고, 친구가 되어보세요. 늙는다는 것은 낡아가는 것이 아니라 깊어지는 것입니다. 신체적인 기능은 조금 떨어질지 몰라도, 우리의 정신은 '역노화' 할 수 있습니다. 20대의 얼굴이 아직 아무것도 쓰이지 않은 하얀 백지라면, 40대와 50대의 얼굴은 수많은 문장이 빼곡하게 적힌 한 권의 소설책과 같습니다. 그 안에는 희로애락의 감정, 책임과 선택의 무게, 사랑과 이별의 기억들이 문신처럼 새겨져 있습니다. 그 깊이감은 어떤 명품 화장품이나 최첨단 레이저로도 흉내 낼 수 없는 아우라를 만듭니다.

물론 저 역시 피부 미용 분야 의사라는 타이틀 때문에 늘 '동안'이어야 한다는 시선을 받곤 합니다. 사람들은 제가 특별한 시술을 받거나 타고난 유전자가 좋아서 젊음을 유지한다고 생각하지만, 사실 저는 물밑에서 끊임없이 발길질하는 백조처럼 치열하게 노력하고 있습니다. 아침에 일어나면 가장 먼저 공복에 올리브유 한 스푼을 먹고, 항산화에 좋은 블루베리와 견과류를 챙겨 먹습니다. 오메가3와 비타민 B군을 잊지 않고 복용하며, 피부에 바르는 것은 비타민 C, A, 그리고 충분한 보습제와 자외선 차단제를 철저히 지킵니다. 아무리 바빠도 밤 10시, 11시에는 잠자리에 들려고 노력합니다. 예전에는 불면증이 심해 밤을 새우기 일쑤였지만, 잠이 최고의 보약임을 깨닫고 수면 패턴을 지키기 위해 필사적으로 노력합니다.

손흥민 선수가 그라운드 위에서 화려한 골을 넣기 위해 보이지 않는 곳에서 수만 번의 슈팅 연습을 하듯, 건강하고 우아하게 나이 들기 위해서는 그만큼의 정성과 노력이 필요합니다. "의사니까 관리 안 해도 되겠지"가 아니라, "의사니까 더 모범을 보이며 내 몸을 아껴야지"라는 마음으로 하루하루를 통제하고 관리합니다. 이것은 단순히 어려 보이기 위함이 아니라, 내 삶을 사랑하고 존중하는 저만의 방식입니다.

저는 내년의 제 모습이, 그리고 10년 뒤 50대가 되었을 때의 제 모습이 진심으로 기대됩니다. 30대에는 30대의 치열함이 매력이었고, 40대에는 40대의 중후함이 멋이라면, 50대에는 또 어떤 여유와 통찰이 제 얼굴에 내려앉을지 설레기도 합니다. 제가 생각하는 아름다움의 정의는 '나다움'입니다. 남들이 정해놓은 기준에 나를 끼워 맞추는 것이 아니라, 내 나이대에 맞는 '나스러움'이 자연스럽게 배어 나올 때 가장 빛이 납니다.

제가 이렇게 긍정적인 태도를 유지하며 삶을 건강하게 가꾸려 노력하는 이유는, 먼 훗날 지나온 날들을 돌아봤을 때 제 삶에 아쉬움이 남지 않기를 바라기 때문입니다. 흔히들 많이 웃는 사람에게는 눈가에 고운 웃음 주름이 진다고 합니다. 저는 제 얼굴이 바로 그 증거가 되기를 꿈꿉니다. 훗날 누군가 제 얼굴을 들여다보았을 때, 그 주름 사이사이에서 '아, 이 사람은 참 행복한 인생을 살았구나'라는 문장을 읽어낼 수 있다면, 그것으로 충분할 것 같습니다.

제가 이토록 인위적인 멋보다 본연의, 자연스러운 생명력을 강조하게 된 데에는, 앞서 언급했던 제 브랜드인 '닥터 코스모'의 기원이 된 아주 오래된 기억 하나가 자리 잡고 있습니다.

어릴 적, 제가 돌이 갓 지났을 무렵이라고 합니다. 택시를 타고 가다가 제가 자지러지게 울음을 터뜨렸는데 부모님이 아무리 달래도 그치지 않아 몹시 난감해하셨다고 해요. 그런데 운전하시던 기사님이 백미러로 저를 유심히 보시더니 부모님께 이렇게 물으셨다고 합니다.

"저 꼬마가 창밖에 지금 핀, 저 꽃을 보고 싶어서 우는 것 같은데, 꺾어다 줘볼까요?"

알고 보니 울고 있던 제 시선이 창밖 도로변에 흐드러지게 핀 코스모스에 고정되어 있었던 겁니다. 기사님은 기꺼이 차를 세우고 내려서 코스모스 한 송이를 꺾어 제 고사리 같은 손에 쥐여주셨습니다. 그러자 신기하게도 거짓말처럼 울음을 뚝 그치고 그 꽃을 한참이나 바라보았다고 합니다.

이처럼 저에게 코스모스는 단순한 꽃 이름이 아닙니다. 말도 못 하던 어린아이의 눈길마저 사로잡았던 그 순수한 자연의 힘이자, 고대 그리스어로 질서 정연한 우주Cosmos를 뜻하는 단어이기도 합니다. 그날 울음을 그친 아이는 자라서 의사가 되었고, 우리 몸과 피부가 하나의 거대한 우주라는 사실을 깨닫게 되었습니다. 함부로 거스르거나 인위적으로 조작하려 하지 않고 그 우주가 가진 본연의 질서와 생명력을 존중할 때 우리는 가장 건강하게 피어날 수 있다는 믿음, 그것이 제가 지키고자 하는 진료 철학의 뿌리입니다.

그러니 기억해 주세요. 노화는 낡아가는 것이 아니라, 당신이라는 우주가 더 넓고 깊어지는 과정입니다. 오늘 밤 거울을 보며 눈가에 잡힌 주름을 발견하더라도 한숨 쉬지 마십시오. 대신 "내 웃음의 흔적이 여기에 남았구나, 내가 참 열심히 살아왔구나"라고 말해주십시오. 베개 자국이 조금 오래 남더라도 "내가 어제 참 깊게 잤나 보다"라고 너그럽게 넘겨주십시오.

당신은 로봇이 아닙니다. 당신은 계절의 변화를 온몸으로 겪어내며 매 순간 자신만의 색깔로 피어나는 세상에서 가장 아름다운 꽃이자, 하나의 거대한 우주입니다. 부디 당신의 계절을, 그리고 당신의 나이가 들어간다는 사실을 사랑해 주세요.

5부

당신의 곁에 머무는
따뜻한 이웃으로

진료실 밖에서 만난 환자의
환한 미소가 저의 보람입니다

의사 면허를 갓 받아들고 하얀 가운을 처음 걸쳤을 때, 제게 의술은 그저 차갑고 정교한 '기술'이었습니다. 피부 미용 분야에서도 마찬가지였습니다. 레이저 기계를 조작하고, 점 하나를 흉터 없이 깔끔하게 만드는 것. 그것이 제가 생각하는 명의의 조건이었습니다. 환자의 얼굴은 저에게 풀어야 할 복잡한 문제지였고, 저는 그 문제를 가장 빠르고 정확하게 풀어내는 유능한 기술자가 되고 싶었습니다.

밤을 새워 논문을 읽고, 수만 번의 레이저 샷을 쏘아가며 손끝의 감각을 예리하게 다듬었습니다. 그러자 어느 순간, 기술자의 단계를 넘어 '예술'의 경지가 보이기 시작했습니다. 단순히 잡티를 없애는 것을 넘어, 얼굴 전체의 조화를 생각하고 빛과 그림자를 고려하며 디자인하는 단계에 도달한 것입니다. 시술이 끝나고 거울을 보며 감탄하는 환자들을 볼 때면, 마치 제가 조각가가 된 듯한 자부심이 차오르기도 했습니다.

하지만 이상하게도 마음 한구석은 여전히 허전했습니다. 시술은 기술적으로 완벽하게 끝났는데도 여전히 불안해하는 환자의 눈빛, 깨끗해진 얼굴을 하고서도 "원장님, 그런데 저는 왜 행복하지 않을까요?"라고 묻는 환자의 표정 앞에서 저는 철저한 무력감을 느꼈습니다.

그때 비로소 깨달았습니다. 사람의 얼굴을 다룬다는 것은 단순히 세포 조직을 만지는 것이 아니라, 그 사람의 '삶'을 이해해야 하는 '인문학'의 영역이라는 것을 말입니다. 환자가 왜 이토록 기미 하나에 집착하는지, 왜 굳이 먼 지방에서 기차를 타고 저를 찾아왔는지, 그 이면에 숨겨진 마음의 결핍과 삶의 고단함을 읽어내지 못하면, 저는 그저 얼굴 가죽만 만지는 반쪽짜리 의사에 불과하다는 사실을 뼈저리게 느꼈습니다.

그때부터 제 시선은 피부 너머의 '사람'을 향하기 시작했습니다. 차트 위의 건조한 진단명이 아니라, 내 앞에 앉아 있는 한 사람의 인생을 읽어내려 노력했습니다. 의술은 기술에서 시작해 예술을 거쳐, 결국 사람을 이해하는 인문학으로 완성된다는 것을 당신이 저에게 가르쳐 준 것입니다.

이런 깨달음은 자연스럽게 제가 가야 할 길, 그리고 뒤따라오는 후배들에게 보여줘야 할 길에 대한 고민으로 이어졌습니다. 저는 훗날 제가 은퇴를 하게 되었을 때, 환자들에게 "명의였다"라는 말보다 "참 솔직했던 의사였다"라는 말을 듣고 싶습니다. 그리고 무엇보다 "원장님, 평생 진료 좀 하시지 왜 벌써 은퇴하세요?"라는, 아쉬움 섞인 투정을 듣고 싶습니다. 환자들이 저의 은퇴를 아쉬워한다는 것은, 단순히 제 의술이 필요해서가 아니라 저라는 사람과의 관계를 그리워한다는 뜻일 테니까요.

그래서 저는 타협하지 않으려 합니다. 후배들에게도 늘 강조합니다. 의사는 사명감과 수익성 사이에서 끊임없이 줄타기를 하는 직업이라고요. 둘 중 하나만 선택하라고 하는 것은 위선이거나 비현실적입니다. 사명감만으로 병원을 유지하기에는 현실의 벽이 높고, 반대로 수익만을 쫓다 보면 의사로서의 자존감이나 존엄성을 잃고 스스로도 혼란이 올 가능성이 높게 됩니다.

돈을 버는 것이 죄는 아니지만, 환자의 불안을 이용하면서까지 돈을 벌어서는 안 됩니다. 그 아슬아슬한 줄타기 위에서 중심을 잡는 것이 바로 '기준'입니다. 저는 동료와 후배들에게 "기준이 분명했던 의사"로 기억되고 싶습니다. 돈 앞에 흔들리지 않고, 의사라는 직업의 무게를 가볍게 여기지 않았던 선배. 그것이 제가 남기고 싶은 유산입니다.

더 나아가 저는 작은 꿈이 하나 있습니다. 피부 미용 분야에서 성공한 의사로서, 생명을 다루는 기피과, 예를 들어 흉부외과나 소아과 같은 필수 의료 분야를 지키고 있는 동료들을 지원하는 것입니다. 그들이 현실적인 어려움 때문에 메스를 놓지 않도록, 제가 만든 화장품 회사와 병원의 수익이 그들을 서포트하는 데 쓰이길 바랍니다. 그것이 제가 의료계에 한 획을 긋는 방식이자, '진짜 의사'들을 지키는 저만의 사명이라고 믿습니다.

그래서 저는 '토리파'라는 이름의 유튜버로도 활동을 했었습니다. 앞서 말했듯이 처음 유튜브를 시작했을 때는, 주변의 시선이 곱지만은 않았습니다. "의사가 체면 떨어지게 무슨 유튜브냐", "결국 환자 끌어모으려고 하는 거 아니냐"는 비아냥도 들렸습니다. 하지만 제가 마이크 앞에 앉은 이유는 단순했습니다. 제가 겪었던 수많은 시행착오를 다른 사람들은 겪지 않았으면 좋겠다는 마음 하나였죠.

그리고 지금은 '동네의사 이상욱'이라는 유튜브 채널과도 이어집니다. 당신이 이런 시행착오를 겪지 않기를 바라는 마음, 병원에 오지 않고도 집에서 관리할 수 있는 '홈케어'의 중요성을 알리고 싶은 마음 때문이었습니다. 의사가 병원 오지 말라고 하고, 홈케어를 강조하니 처음에는 다들 의아해했습니다. 하지만 그 진심이 닿았는지, 이제는 유튜브를 보고 찾아오시는 환자분들의 태도가 완전히 달라졌습니다. 진료실 문을 열고 들어오시는 순간부터 저를 믿어주는 눈빛이 느껴집니다. 제가 굳이 "이 시술은 하지 마세요"라고 길게 설명하지 않아도, "원장님이 안 권하시면 이유가 있겠죠"라며 고개를 끄덕여 주십니다. 유튜브를 통해 미리 쌓인 신뢰, 즉 '라포' 덕분에 진료는 훨씬 부드럽고 깊어질 수 있었습니다.

재미있는 일화도 많습니다. 유튜브 댓글 창은 가끔 저에게 '육아 상담소'나 '살림 노하우 공유방'이 되기도 합니다. 제가 영상에서 나무 주걱을 쓰는 모습이 스쳐 지나갔는데, 한 구독자분께서 "원장님, 나무 주걱 관리 잘못하면 세균 번식해요.

주걱 그렇게 쓰시면 안 됩니다"라며 진지하게 댓글을 남겨주셨습니다. 그러곤 실제로 병원에 주걱을 선물로 주러 오시기도 했어요. 심지어 어떤 환자분은 진료를 받으러 오시면서 제가 영상에서 가구에 관한 이야기를 했더니, 이케아 할인 쿠폰을 쥐어주고 가셨습니다. 마치 시골집에 내려온 아들을 챙기는 어머니처럼, 도마는 뭘 써야 한다, 식기세척기는 뭐가 좋다며 살림살이 훈수를 두시는 댓글들을 볼 때면 웃음이 터지면서도 가슴 한구석이 뭉클해집니다. 몇십만 명의 '랜선 어머니'가 생긴 기분이랄까요.

한번은 부산의 한 백화점에 아들과 함께 갔을 때였습니다. 아이스크림 가게 앞에서 줄을 서 있는데, 한 중년 여성분이 조심스럽게 다가오셨습니다. "혹시 토리파님 아니세요? 저도 아들이 있는데 영상을 보고 무척 좋아했어요. 감사합니다." 갑작스러운 인사에 당황해서 쑥스럽게 인사를 드렸는데, 옆에 있던 제 아들의 반응이 걸작이었습니다. 평소에는 무뚝뚝하던 녀석이 아빠가 누군가에게 감사를 받는 모습을 보더니, 어깨가 귀에 닿을 만큼 으쓱 올라가서는 의기양양한 표정을 짓는 것이었습니다. 티는 안 냈지만, 아들에게 자랑스러운 아빠가 된 것 같아 그 어떤 의학적 성취보다 더 짜릿한 보람을 느꼈습니다.

공항에서도, 식당에서도, 가끔 마주치는 승무원분들이나 시민분들이 "화장품 잘 쓰고 있어요", "영상 덕분에 도움 많이 됐어요"라고 인사를 건네실 때마다, 저는 진료실 안에서만 의사가 아님을, 제 말 한마디가 누군가의 삶에 긍정적인 영향을 미치고 있음을 실감하며 옷깃을 여미게 됩니다.

하지만 빛이 있으면 그림자도 있는 법입니다. 환자분들을 생각해서 내린 결정이 오히려 오해를 불러일으킬 때면 마음이 쓰라리기도 합니다. 지방에서, 혹은 해외에서 오신다는 환자분들께 저는 종종 "그 치료는 난이도가 높지 않으니, 댁 근처의 병원에서 꾸준히 치료받으시는 게 훨씬 효율적입니다"라고 말씀드립니다. 환자분의 시간과 비용을 아껴드리기 위한 배려인데, 받아들이는 입장에서는 "돈 안 되는 환자라 거부하냐", "유명해지더니 배가 불렀다"라고 오해하시기도 합니다.

흑자 치료처럼 제가 초창기에 개척하고 연구했던 분야가 SNS를 통해 유명해지자, "저 병원 가면 뚝딱하고 낫는다더라"는 소문만 믿고 오시는 분들도 계십니다. 다른 병원들을 전전하며 치료가 얼마나 어려운지 겪어보신 분들은 제 치료의 가치를 알아주시지만, 처음 오신 분들은 치료 과정이 오히려 너무 빠르게 끝나거나 수월하게 마무리되어도 "대충 해준다", "소문만큼 별거 없다"며 실망감을 표출하십니다. 그럴 때면 억울한 마음이 드는 것도 사실입니다. 저는 한 분 한 분 최선을 다해 레이저를 쏘고, 심지어 결과가 미진하면 추가 비용 없이 보강 진료까지 해드리는데, 그 진심이 왜곡될 때마다 의사로서의 회의감이 밀려오기도 합니다.

특히 의사도 사람인지라 몸이 아플 때가 있습니다. 최근에 심한 독감에 걸려 도저히 진료를 볼 수 없는 상태가 된 적이 있었습니다. 하루에 예약된 환자분이 60명이 넘는데, 전염의 위험도 있고 몸을 가눌 수도 없어 급하게 예약을 취소해야 했습니다. 직원들이 전화를 돌리며 사정을 설명했지만, 일부 환자분들은 "내가 이날을 위해 연차를 냈는데 책임져라", "환자와의 약속을 이렇게 가볍게 여기냐"며 거친 항의를 쏟아내셨습니다.

머리는 깨질 듯이 아픈데, 그 차가운 반응들이 비수처럼 날아와 꽂혔습니다. '나도 아플 수 있는 인간인데, 환자들에게 나는 그저 고장 나면 안 되는 기계인 걸까.' 서운한 마음이 들었지만, 한편으로는 그만큼 저를 만나고 싶어 하셨던 간절함의 방증이라 생각하며 스스로를 위로했습니다.

저는 유독 악플이나 부정적인 피드백에 예민한 편입니다. 칭찬 댓글이 100개가 달려도, "불친절했다", "효과 없었다"는 댓글 하나가 달리면 밤새 잠을 이루지 못합니다. 퇴근 후에도 차트를 뒤져가며 그 환자분이 누구였는지, 내가 무엇을 놓쳤는지, 진료 과정에 실수는 없었는지 복기하고 또 복기합니다. 직원들은 "원장님, 그냥 넘기세요. 모든 사람을 100% 만족시킬 수는 없어요"라고 말하지만, 저는 그게 잘 안 됩니다. 그 악플 하나 뒤에 숨겨진 환자의 실망감이 저를 괴롭히기 때문입니다. 완벽주의자라서가 아니라, 적어도 저를 믿고 찾아온 분들에게 상처를 주고 싶지 않은 마음 때문일 것입니다.

하지만 진료실 안에서는 냉철한 의사로, 유튜브에서는 '동네의사 이상욱'으로 살아가지만, 의사 가운을 벗은 '인간 이상욱'이 가장 행복을 느끼는 순간은 아주 소박합니다. 늦은 밤, 지친 몸을 이끌고 집에 돌아와 아이들과 함께 짜파게티를 끓여 먹는 순간. 입가에 검은 소스를 잔뜩 묻히고 "아빠, 맛있어?"라고 묻는 아이들의 천진난만한 얼굴을 볼 때, 하루 종일 긴장했던 어깨의 근육이 풀리고 비로소 숨이 쉬어집니다. 화려한 명성도, 통장에 찍히는 숫자도, 수천 개의 '좋아요'도 이 냄비 하나가 주는 확실한 행복을 이길 수는 없습니다. 저는 병원에서는 환자들의 피부를 치료하지만, 집에서는 아이들의 웃음으로 제 마음을 치료받습니다. 그리고 그 평범한 행복이 있기에, 저는 내일도 다시 가운을 입고 까다로운 색소와 싸우고, 환자들의 투정을 받아줄 힘을 얻습니다.

진료실 밖에서 만나는 당신의 환한 미소가 저에게는 가장 큰 보람이자 훈장입니다. 백화점에서, 공항에서, 혹은 길거리에서 저를 알아보신다면 주저 말고 아는 척해 주십시오. "원장님 덕분에 피부 좋아졌어요"라는 그 말 한마디가, 제가 이 길을 계속 걸어갈 수 있게 하는 가장 강력한 원동력이니까요.

저는 앞으로도 진료실 안팎에서 당신의 피부뿐만 아니라, 삶의 작은 부분까지도 함께 고민하고 응원하는 동반자로 남고 싶습니다. 의술은 기술이나 예술을 넘어, 결국 사람을 향한 따뜻한 시선에서 완성된다는 믿음을 가지고, 오늘도 저는 당신을 기다리겠습니다.

차가운 병동에서 배운,
세상에서 가장 따뜻한 처방

제가 진료실 밖에서도 환자분들과 소통하며 '사람 냄새 나는 의사'가 되기를 꿈꾸는 데에는, 제 가슴 깊은 곳에 박혀 있는 오래된 기억 하나가 자리 잡고 있습니다. 잠시 시간을 돌려, 마지막으로 앞서 나왔던 제 레지던트 시절의 일기장 한 페이지, '혈액종앙내과'에서의 기록을 꺼내 보려 합니다.

흔히들 암 환자, 그것도 더 이상 치료 방법이 없는 말기 환자들이 모인 그곳을 병원에서 가장 우울하고 절망적인 곳이라 생각합니다. 저 역시 처음 배정을 받았을 때는 두려웠습니다. '의학적으로 더 이상 해 줄 게 없는 분들에게, 과연 의사가 필요할까?'라는 무력감 때문이었습니다. 하지만 역설적이게도, 저는 그 가장 차가운 병동에서 의사가 지녀야 할 가장 따뜻한 온도를 배웠습니다.

유독 가을바람이 쓸쓸하게 불던 어느 날이었습니다. 90세의 할머니 한 분이 입원해 계셨습니다. 담관암과 췌장암이 동시에 찾아왔고, 이미 복막까지 전이되어 더 이상의 항암 치료도, 수술도 의미가 없는 상태였습니다. 할머니는 의식이 흐릿해져 가는데, 곁을 지키는 따님은 저를 볼 때마다 죄인처럼 고개를 숙였습니다.

"선생님, 우리 엄마... 조금이라도 더 살게 해 주세요. 무슨 수술이라도… 방법이 없을까요…"

의학적 판단으로는 무의미한 연명 치료였습니다. 교과서대로라면 "가망이 없습니다. 마음의 준비를 하세요"라고 차갑게 선고하는 것이 정답이었을 겁니다. 하지만 저는 그 말을 차마 입 밖으로 낼 수가 없었습니다. 차트를 덮고 도망치듯 병원 비상구로 향했습니다.

1층에서 옥상까지, 그리고 다시 옥상에서 1층까지.

아무도 없는 계단을 오르내리며 수없이 고민했습니다. 숨이 턱 끝까지 차오르고 허벅지가 터질 것 같았지만, 보호자가 짊어진 삶의 무게보다는 가벼울 것 같았습니다. '의학적 사실을 전달하는 게 맞을까, 아니면 남은 시간이라도 편안하게 보내시게 돕는 게 맞을까.' 수없이 계단을 오르내린 끝에, 저는 땀을 닦으며 따님을 다시 찾아갔습니다. 그리고 의사의 언어가 아닌, 사람의 언어로 말을 건넸습니다.

"보호자님, 지금 억지로 관을 꽂고 시술을 하면 수치상으로는 며칠 더 버티실 수 있습니다. 하지만 그 시간 동안 어머님은 많이 아프고 힘드실 거예요. 의사로서 제 소견은... 이제 그만 차가운 기계는 내려놓고, 따뜻한 따님의 손을 잡고 남은 시간을 보내시게 하는 게 어떨까 싶습니다. 그게 어머님이 진짜 원하시는 걸지도 모릅니다."

정적이 흘렀습니다. 그리고 잠시 후, 강해만 보였던 따님은 아이처럼 주저앉아 펑펑 눈물을 쏟아냈습니다.

"선생님... 정말 감사합니다... 그동안 다른 병원에서는 단순히 치료를 계속해야 한다고만 했지, 이렇게 엄마와 저를 위해 진심으로 고민해 주는 분은 없었어요. 사실 저도 엄마를 편하게 보내드리고 싶었지만, 죄책감 때문에 차마 입이 떨어지질 않았거든요. 그런데 선생님께서 그 힘든 말을 먼저 꺼내주셔서... 정말 감사합니다.”

그날 밤, 할머니는 더 이상 고통스러운 처치 없이, 가장 사랑하는 딸의 손을 잡고 평온하게 눈을 감으셨습니다. 다음 날, 따님은 상을 치르러 가기 전 그 경황없는 외중에도 저를 찾아오셨습니다. 그리고 제 두 손을 꼭 잡으며 말씀하셨습니다. “선생님 덕분에 우리 엄마, 가는 길 외롭지 않았어요. 선생님은 우리 가족의 은인입니다.”

그때 저는 깨달았습니다. 의술의 끝은 질병을 정복하는 것이 아니라, 환자와 그 가족의 아픈 마음까지 끝까지 함께 안고 가는 것임을요. 비록 암세포를 없애지는 못했지만, 그 가족의 마음에 맺힌 죄책감과 후회를 치료해 드렸다는 사실이, 저에게는 그 어떤 수술 성공보다 더 큰 울림으로 남았습니다.

지금 제가 진료실에서 환자분들에게 “이 시술은 하지 마세요”, “지금은 쉬는 게 필요합니다”라고 굳이 ‘안 해도 될 말’을 건네는 이유도 바로 여기에 있습니다. 누군가는 기미 때문에, 누군가는 주름 때문에 죽고 싶을 만큼 괴로워하며 저를 찾아옵니다. 남들이 보기엔 ‘고작 피부’일지 몰라도, 당사자에게는 그것이 그 시절 암 덩어리만큼이나 무거운 마음의 병일 수 있음을 저는 알기 때문입니다.

그래서 저는 오늘도 모니터 속의 피부를 보기 전에, 그 이면에 숨겨진 당신의 마음을 먼저 진찰하려 합니다. 옥상까지 계단을 오르내리며 고민했던 그날의 초심처럼, 당신에게 가장 필요한 것은 차가운 시술이 아니라, 당신의 힘듦을 알아주는 따뜻한 공감이라는 것을 잊지 않으려 합니다.

이제는 당신의 곁에 있는 의사가 되고 싶습니다

모든 진료가 끝나고 적막이 감도는 늦은 밤, 가운을 벗어 옷걸이에 걸 때면 저는 문득 제 20대 시절의 밤을 떠올립니다. 앞서 들려드린 것처럼, 내과 레지던트 시절의 저는 매일 밤 '죽음'과 싸우는 투사였습니다. 촌각을 다투는 응급실과 중환자실에서, 제 목표는 오직 하나였습니다. 멈춰가는 심장을 다시 뛰게 하는 것. 꺼져가는 생명의 불씨를 어떻게든 살려내는 것. 그때 저에게 '명의(名醫)'란, 죽음의 신과 싸워 이기는 영웅 같은 존재였습니다.

하지만 피부 미용 분야 의사가 된 지금, 제가 꾸는 꿈은 조금 달라졌습니다. 저는 이제 거창한 영웅이나 명의가 되기를 원하지 않습니다. 대신 저는 '동네 의사'가 되고 싶습니다.

과거의 제가 환자의 '마지막 순간'을 지키는 의사였다면, 지금의 저는 환자의 '매일'을 지키는 의사가 되고 싶기 때문입니다. 죽음 앞에서 삶을 연장하는 것도 숭고한 일이지만, 주어진 삶을 스스로 사랑하며 행복하게 살아가도록 돕는 일 역시 그에 못지않게 중요하다는 것을, 수만 명의 환자분을 만나며 깨달았기 때문입니다.

비록 제가 있는 곳이 화려한 간판들이 즐비한 강남 한복판일지라도, 제 마음가짐만큼은 언제든 슬리퍼를 신고 편하게 찾아와 하소연할 수 있는 동네 사랑방의 의사이고 싶습니다. 문턱 높은 병원의 권위적인 원장님이 아니라, "원장님, 저 요즘 얼굴이 왜 이렇죠?"라고 투정을 부리면 "요즘 잠 못 잤어요? 무슨 걱정 있어요?"라고 믹스커피 한 잔 건네며 물어봐 주는 그런 친근한 이웃 말입니다.

제가 유튜브 채널을 운영하며 '동네의사 이상욱'이라는 부캐로 활동하는 이유도 이와 같습니다. 진료실이라는 물리적 공간은 한계가 있습니다. 제가 하루에 만날 수 있는 환자의 수는 정해져 있고, 거리상의 이유로 저를 찾아오지 못하는 분들이 훨씬 더 많습니다. 내과 시절에는 병원에 온 환자만 살릴 수 있었지만, 지금은 다릅니다. 디지털 세상에는 국경도, 문턱도 없으니까요.

저는 유튜브라는 창을 통해 전국에, 아니 전 세계에 있는 수십만 명의 '이웃'들을 만납니다. 댓글 창은 저에게 24시간 열려 있는 또 다른 진료실입니다. 그곳에서 저는 때로는 잘못된 상식에 현혹되지 말라고 따끔한 잔소리를 하기도 하고, 피부 때문에 우울해하는 분들에게 따뜻한 위로를 건네기도 합니다. 우연히 만난 분들이 "원장님 영상 보고 용기 얻어서 관리 시작했어요", "멀리 살아서 가보지는 못하지만 늘 마음으로 의지하고 있습니다"라고 인사를 건네실 때면, 저는 제가 꿈꾸던 '확장된 동네 의사'의 모습에 한 걸음 더 다가간 것 같아 가슴이 벅차오릅니다.

제가 적자를 감수하면서까지 굳이 화장품을 만드는 이유도 결국은 하나입니다. 당신의 24시간을 지켜주고 싶기 때문입니다. 의사인 제가 매일 아침저녁으로 당신의 집을 찾아가 상태를 봐드릴 수는 없습니다. 하지만 제가 만든 화장품이 당신의 화장대 위에 놓여 있다면, 그것은 제가 당신의 곁에 머무는 것과 같습니다. 당신이 세안을 하고 거울을 보는 그 가장 사적인 시간에, 제 철학이 담긴 도구들이 당신의 피부를 지키고 스스로를 돌볼 수 있게 돕는다면, 그것이야말로 제가 할 수 있는 가장 현실적이고도 다정한 '왕진(往診)'이 아닐까요.

의사로서, 그리고 죽음의 문턱을 수없이 목격했던 인생의 선배로서, 이 책의 마지막을 앞두고 당신에게 꼭 전하고 싶은 단 하나의 메시지가 있습니다.

제발, 당신 자신을 미워하지 마십시오. 내과 병동에서 제가 뼈저리게 느꼈던 것은, 우리가 숨 쉬고 살아있는 '오늘'이 누군가에게는 그토록 간절했던 기적이라는 사실입니다. 당신이 거울을 보며 한숨 쉬는 그 주름조차, 누군가는 단 하루만이라도 더 갖고 싶어 했던 삶의 증거입니다. 당신이 싫어하는 그 젖살은 다시는 돌아오지 않을 젊음의 특권이고, 당신이 부끄러워하는 그 흉터는 치열하게 살아남은 당신의 자랑스러운 훈장입니다.

꽃이 피는 시기가 다 다르듯, 당신의 아름다움이 만개하는 시기도 다를 뿐입니다. 봄에 피는 튤립이 가을에 피는 국화를 시기하지 않듯, 남들과 비교하며 자신을 깎아내리지 마십시오. 당신은 고장 나서 고쳐야 할 물건이 아니라, 그 자체로 세상에서 가장 가치 있는 '작품'입니다.

저는 당신이 병원 밖에서도 스스로 단단해지기를 바랍니다. 의사에게 맹목적으로 의존하지 않고, 타인의 시선에 휘둘리지 않고, 오롯이 나만의 기준으로 나를 사랑할 수 있는 '자생력'을 기르기를 바랍니다.

이제는 당신의 곁에 있는 의사가 되고 싶습니다. 당신이 아플 때만 찾는 의사가 아니라, 당신이 거울 앞에서 주저앉고 싶을 때, 나이듦이 두려워질 때, 가장 먼저 생각나는 든든한 '동네 오빠' 혹은 '형' 같은 조력자가 되고 싶습니다.

제 진료실의 문은 언제나 열려 있습니다. 하지만 제 진짜 바람은, 당신이 저를 찾지 않아도 될 만큼 건강하고 행복해지는 것입니다. 진료실 밖에서도 서로의 삶을 응원하는 따뜻한 이웃으로 남고 싶습니다. 당신의 삶이라는 긴 여정에, 제 작은 진심이 단단한 디딤돌이 되었기를 간절히 바랍니다. 부디, 당신을 혐오하지 마십시오. 당신은 의사인 제가 보증하는, 살아 있는 것만으로도 충분히 아름다운 존재입니다.

진료실 밖
이상욱

원고의 마지막 점을 찍기 전, 저는 책상 깊숙한 곳에 넣어 두었던 낡은 일기장 하나를 꺼냈습니다. 치열했던 내과 레지던트 시절, 삶과 죽음의 경계에서 매일같이 흔들리고 아파하며 썼던 기록들입니다.

먼지를 털어내고 펼친 페이지에는, 서투르지만 뜨거웠던 '청년 이상욱'의 고백이 적혀 있었습니다.

"사회에 있을 때의 나는 돈을 벌기 위해서 의사가 된 것마냥, 목적과 수단이 바뀐 삶을 살았던 것 같다. 조금씩 배우고 있는 단계지만, 지금은 이 길이 나에게 있어 정말 소중하고 현명한 선택이라고 생각한다. 사람마다 가치관과 생각이 다르겠지만, 좋은 의사는 '내가 환자를 낫게 했다'고 자만하는 게 아니라, 환자에게 '버티어 주어서 고맙습니다'라고 말하는 사람인 것 같다."

한동안 이 문장에서 눈을 뗄 수가 없었습니다. 그때의 저는 알고 있었더군요. 의사가 할 수 있는 최고의 찬사는, 고통 속에서도 삶을 포기하지 않은 환자를 향한 존경이라는 것을요.

이 책을 덮는 당신에게 제가 드리고 싶은 말씀도 바로 이것입니다. 지금까지 우리는 피부에 대해, 아름다움에 대해, 그리고 자존감에 대해 수많은 이야기를 나눴습니다. 하지만 이 모든 것보다 앞서 제가 꼭 드려야 할 인사는 따로 있었습니다.

버티어 주어서, 참 고맙습니다.

남들의 시선이 칼날처럼 날아와 꽂힐 때도, 거울 속의 내 모습이 초라해 보여 숨고 싶을 때도, 세상이 정해놓은 가혹한 기준들이 당신을 짓누를 때도, 당신은 도망치지 않고 여기까지 왔습니다. 그 모진 시간들을 온몸으로 견뎌 내고, 살아 내어, 마침내 오늘 저와 이렇게 만나게 되었습니다. 당신이 그 힘든 시간들을 포기하지 않고 버텨준 덕분에, 지금 제가 당신에게 이 글을 띄울 수 있게 된 것입니다. 그러니 당신의 주름은, 당신의 흉터는, 당신의 지친 피부는 부끄러움이 아니라, 당신이 삶이라는 전쟁터에서 승리하고 돌아왔다는 가장 확실한 증거입니다.

과거의 제가 썼던 일기처럼, 저도 한때는 목적과 수단을 혼동하며 방황했습니다. 그래서 압니다. 버틴다는 것이 얼마나 외롭고 고단한 일인지를요.

이제는 그 무거운 짐을 혼자서만 짊어지지 마십시오. 여기, 당신의 곁에 제가 있겠습니다. 지난날 제가 중환자실에서 환자의 손을 놓지 않고 밤을 새웠던 것처럼, 이제는 당신의 삶 곁에서 당신의 무너진 마음을 일으켜 세우는 의사가 되겠습니다. 당신이 거울 앞에서 울고 싶을 때, 나이듦이 서글퍼질 때, 세상의 기준에 흔들릴 때, 제가 당신의 무게를 조금이나마 덜어 드리겠습니다.

우리는 이제 만났습니다. 늦게 만난 만큼, 더 오래, 더 따뜻하게 당신의 곁을 지키겠습니다.

이제 책을 덮고, 거울 앞으로 다가가십시오. 그리고 그 속에 있는, 치열하게 버텨낸 위대한 생존자에게 따뜻한 목소리로 말을 걸어 주십시오.

"고생했다. 수고했다. 그리고 사랑한다."

오늘 밤, 당신이 스스로에게 건네는 그 따뜻한 한마디가 제가 드리는 그 어떤 시술보다 더 강력한 마법이 되어 당신을 빛나게 할 것입니다. 당신의 곁에는 언제나 저와 이 책이 함께 하겠습니다. 당신은 혼자가 아닙니다. 당신의 모든 계절을, 당신의 모든 표정을, 당신이라는 우주를 진심으로 응원합니다.

그리고 언젠가, 당신이라는 우주를 들여다보았을 때 저라는 별 하나가 그 옆에서 함께 동행하며 빛나고 있기를 소망합니다.

감사합니다.

진료실 밖으로 나와 당신의 곁에서,

이상욱 드림

당신은 이미 아름답습니다.
당신 스스로 생각하는 것보다, 훨씬

— 이상욱 —

저는
얼굴이 아니라
마음을 고치는
의사입니다

ⓒ 이상욱

초판 1쇄 인쇄 2026년 2월 15일

지은이 이상욱
기　획 조영훈
편　집 조영훈
디자인 김지혜
마케팅 정호윤, 김민지
펴낸곳 모티브
이메일 motive@billionairecorp.com

ISBN 979-11-94600-80-0 (03190)

파본은 구입하신 서점에서 교환해 드립니다.
이 책은 저작권법에 의해 보호를 받는 저작물이기에 무단 전재와 복제를 금합니다.